AF347148

HISTOIRE

de l'Origine & du Progrés des

REVENUS

ECCLESIASTIQUES,

Où il est traité selon l'ancien & le nouveau
Droit, de tout ce qui regarde les Matieres Beneficiales, de la Regale, des Investitures, des
Nominations & des autres Droits attribués aux Princes,

Par JEROME à COSTA,

*Docteur en Droit & Protonotaire Apos-
tolique.*

A FRANCFORT,
Chez FREDERIC ARNAUD,
M. DC. LXXXIV.

LETTRE

Pour servir de Préface au Traité
des Revenus Ecclesiastiques.

à Mr. L'Abbé de ***

MONSIEUR,

Vous auriez pû me dispen-
ser de vous dire mon sentiment touchant le petit Ouvrage qu'on a imprimé de-
puis peu sous le nom du P. Paul, sur les
matieres Beneficiales. Je ne doute
point que ce Livre ne soit en effet de
lui, bien qu'il y ait quelques fautes
que j'ai remarquées, & que vous
trouverez ci jointes dans un papier separé : & afin de satisfaire entierement
à ce que vous souhaitez, j'ai ajouté par
forme de supplement une autre histoire touchant les revenus de l'Eglise,
où j'ai produit plusieurs Actes authentiques. Il n'y a personne, Monsieur,
qui en puisse mieux juger que vous,
qui avez estudié cette matiere avec

 ap-

PREFACE.

application. Vous me ferez plaisir de marquer les fautes que j'aurai pû faire, principalement dans la seconde Partie, où je traite de l'usage & de la pratique; ce qui a besoin d'une grande connoissance des affaires, & telle que vous la possedez. J'ai parlé des droits des Chanoines selon vostre desir, & je puis même dire, selon la verité: mais les Evesques sont presentement si puissans, qu'il n'y a pas d'apparence qu'ils leur rendent justice dans les occasions; outre que Messieurs les Chanoines se mettent fort peu en peine de leurs droits, pourveu que l'on ne touche point au revenu de leurs Prebendes. J'attendrai vostre reponse, afin de reformer ce que vous jugerez à propos: & s'il y a lieu de vous rendre quelque autre service, vous savez que je suis, Monsieur, tres-parfaitement à vous, &c.

3. Janv. 1677.

HISTOIRE

De l'Origine & du Progrés des

REVENUS

ECCLESIASTIQUES.

CE qui est rapporté dans les Actes des Apôtres touchant la communauté des biens parmi les premiers Chrêtiens, ne doit pas estre entendu, comme si les particuliers eussent esté obligés de vendre leurs biens pour les rendre communs à tous les Fidéles. Car pour ne pas tomber dans l'erreur des Anabaptistes, il faut mettre une grande difference entre un usage qui n'a esté que par accident dans l'Eglise de Jerusalem, & qui n'y a pas mesme duré long-tems, & une loi divine dont on ne peut jamais estre dispensé. Il

Origine de la communauté des biens parmi les premiers Chrétiens.

A   n'y

n'y avoit point alors d'autre loi qui obligeaft les Fideles à cela, que celle de la charité; & nous fommes encore aujourdhui dans la mefme obligation, puis qu'il eft vrai que les biens que nous poffedons, deviennent en quelque forte communs à nos Freres, lors qu'ils tombent dans la neceffité. Les Apoftres n'ignoroient pas les Ordonnances que Moïfe avoit faites en faveur des pauvres, pour empefcher qu'ils ne fuffent reduits à la mendicité. C'eft en ce fens que nous devons expliquer ces paroles du Pfeaume: (1) *Je n'ai point veu le Jufte abandonné, ni fa pofterité mendier fon pain.* Où l'on remarquera, que les Juifs prenoient le nom de *Juftes*, pour fe diftinguer des autres Nations qui adoroient les Idoles. Les Livres de Moïfe contiennent un grand nombre de Loix, qui obligent les riches à rendre leurs biens communs aux pauvres en beaucoup de rencontres, & une des principales Loix eft celle qui leur

(1) Οὐκ εἶδον δίκαιον ἐγκαταλελειμμένον, οὐδὲ τὸ σπέρμα αὐτοῦ ζητοῦν ἄρτους. Pfalm. 37: 25.

leur deffend l'usure à l'égard de leurs
Freres. Cette Loi se conserve encore aujourdhui parmi eux dans le pitoyable estat où ils sont, estant persuadés, que cette charité envers leurs
Freres est de droit divin. Nous ne
devons donc pas chercher d'autre
cause de cette communauté de biens
qui fut en usage dés la naissance du
Christianisme, que les loix de la charité qui demeurent toûjours les mesmes, quoi que l'usage en soit divers
selon les diverses occasions. Comme
les premiers Fideles vivoient en so-
cieté, & qu'il y avoit parmi eux un
grand nombre de pauvres, ceux qui
avoient du bien estoient obligés de le
vendre, pour subvenir aux necessitez
de leurs Freres.

Les Apostres se conformerent entierement à l'usage qui estoit desja é-
tabli dans les Synagogues. La col-
lecte se faisoit les jours de leurs Assemblées à l'imitation des Juifs, & chacun amassoit pendant la semaine ce

A 2

qu'il

qu'il pouvoit, pour le donner à ceux
qui prenoient le soin de recueillir ces
aumônes. Il y avoit (1) des troncs, ou
armoires, dans les lieux où les Chrestiens s'assembloient, aussi bien que
dans les Synagogues, pour recevoir
les aumônes des particuliers ; & l'argent estoit distribüé aux pauvres, aux
orfelins, aux veuves & aux malades.
Cette distribution ne se faisoit pas indifferemment par toutes sortes de
personnes : mais comme il y avoit
dans les Synagogues des Officiers
qui estoient chargés de ce soin-là, de
mesme les Apostres establirent des
Diacres, ou Ministres, ausquels ils
donnerent la mesme commission,
s'en reservant neanmoins la principale intendance. En un mot, si on con-
sulte les Livres des Juifs, & mesme
l'usage present de leurs Synagogues
pour tout ce qui regarde les aumônes,
l'on trouvera que les Apostres ont suivi exactement leur Discipline en ce
point-là. Ils envoyent encore aujourdhui

(1) *Ter-
tull. in
Apolog.*

dhui des aumônes à Jerusalem & en plusieurs autres endroits de la Judée, pour faire subsister les pauvres qui demeurent en ces lieux-là. Outre les charitez ordinaires qu'ils font dans leurs villes à ceux qui sont dans la necessité, ils assistent les Juifs étrangers qui ont recours à eux dans leurs besoins; & il suffit pour cela de monstrer un certificat signé par les Rabbins, de la mesme maniere qu'on accordoit aux Fidéles dans les premiers siecles de l'Eglise, des lettres de recommandation, qui donnerent occasion à Lucien de dire, que pour devenir riche en peu de tems, il ne falloit que feindre d'estre Chrétien.

Les Ministres de l'Eglise n'avoient en ce tems là d'autres Revenus, que ce qu'ils recueilloient des aumônes des Fideles : car ce qu'on appelle dîmes, premices, & autres droits qui appartenoient aux Levites & aux Sacrificateurs, furent abolis avec la Sacrificature.

 Nô-

Noſtre Seigneur ayant inſtitüé une nouvelle forme de Miniſtere, inſtitüa auſſi une nouvelle maniere de pourvoir aux neceſſitez des nouveaux Miniſtres.   Il recevoit les aumônes qu'on lui faiſoit, & il les donnoit à garder à un Econome, pour les diſtribüer ſelon les beſoins qui ſe rencontroient.   St. Paul qui parle ſouvent dans ſes Epiſtres du devoir des Miniſtres envers les Peuples , & de celui des Peuples envers les Miniſtres, ſe contente de dire conformément aux paroles de Noſtre Seigneur, que ceux qui annoncent l'Evangile doivent auſſi vivre de l'Evangile, & que ceux qui ſervent à l'Autel doivent participer à ce qui eſt offert ſur l'Autel ; faiſant alluſion par ces dernieres paroles, aux offrandes du Vieux Teſtament. Il ne fait jamais mention des dîmes, ni des autres choſes qu'on donnoit aux Sacrificateurs , parce qu'il ſuppoſe que cette Sacrificature étant abolie, les droits qui en revenoient

aux

aux mêmes Sacrificateurs, devoient
aussi estre abrogés. C'est pourquoi
les premiers Chrestiens, qui vendoient leurs biens pour subvenir aux
necessitez des pauvres & des Ministres, ne se contentoient pas d'en
donner la dixiéme partie, mais ils
fournissoient tout ce qui estoit necessaire, sachant que le droit des dîmes
& des premices n'estoit que des ceremonies & des usages du Vieux Testament; & ils ne conserverent de
cette ancienne Loi, que ce qui regardoit la Morale. Ainsi la charité estoit
la regle de ce qu'ils devoient donner
aux Ministres de l'Evangile. Et St.
Paul qui a fait plusieurs beaux reglemens touchant l'administration de
ces aumônes, appelle *Honoraires*, la
portion qu'on donnoit aux Prestres &
aux veuves. C'est ce qu'il fait, quand
il recommande à Timothée, (1)
d'honorer les veuves qui sont verita-
blement veuves: car les veuves a-
voient des emplois particuliers dans
l'Eglise,

A 4

(1) Χή-
ρας τίμα
τὰς ὄντως
χήρας.
1 Tim.
5: 3.

l'Eglise, aussi bien que les Prestres, que le mesme St. Paul assûre estre (1) *dignes d'un double honneur*, c'est-à-dire d'une double recompense. En effet, le terme d'honneur est employé par les Jurisconsultes, pour signifier la recompense qu'on donne aux Officiers de la Justice, aux Avocats & aux Medecins; & je ne doute point, que St. Paul ne l'ait pris des Grecs, ou Hellenistes, qui s'en servent quelquefois.   C'est dans ce mesme sens qu'il faut entendre ces paroles de l'Ecclesiastique, (2) *Honore le Medecin*, c'est-à-dire, *paye le Medecin*. Comme la Prestrise estoit un veritable emploi & une fonction divine, St. Paul a eu raison de lui appliquer le tître *d'honneur*, qui convenoit proprement aux Magistrats des Republiques.

L'Eglise n'a pas seulement imité la Synagogue dans la maniere de distribuer ses aumônes, elle a de plus suivi la Discipline qui estoit observée parmi les Juifs à l'égard de ces Ministres.

Les

Origine
des Ministres de
l'Eglise.

Les Synagogues estoient composées
d'un Chef de Synagogue, que les
Juifs Hellenistes appelloient *Archisy-
nagogue*, de Prestres ou Anciens, &
de Diacres ; ce qui fut cause, que les
Apôtres establirent dans les Assemblées des Chrêtiens ces trois sortes de
Ministres sous les noms d'Evêques, de
Prêtres & de Diacres. L'Evesque a-
voit les mesmes honneurs dans ces
Assemblées, que le Chef de Synagogue parmi les Juifs dans leurs Synagogues. La superiorité des Chefs de Synagogue à l'égard des Prestres ou Anciens, ne consistoit qu'en quelques tî-
tres d'honneur, n'estant que le premier
entre ses Confreres C'est pourquoi ils
sont tous compris sous le nom de Prestres ou Anciens, au Pseaume CVII.
où nous lisons ces paroles : (1) *Qu'ils
exaltent le Seigneur dans l'Assemblée
du peuple, & dans la Chaire des Anciens*, qui estoit le lieu de leur Assemblée. Aussi voyons-nous que dans
le Nouveau Testament, les noms

(1)
Ὑψωσά-
τωσαν αὐ-
τὸν ἐν ἐκ-
κλησία
λαῦ, κ᾽ ἐν
τᾷ καθέδρα
Πρεσβυτέ-
ρων αἰνε-
σάτωσαν
αὐτόν.
Psalm.
107: 3.

A 5 de

de Prestre & d'Evesque se prennent
indifferemment l'un pour l'autre ; &
cette Chaire, ou Conseil des Anciens,
lequel on appelloit *Presbyterium*, é-
toit composé de l'Evesque, & des Prêtres ou Anciens. L'Evêque, ou President, comme parlent les anciens
Peres, avoit, à la verité, la principale
intendance, d'où il fut appellé Evesque, lequel mot se trouve aussi dans le
Grec des Septante, ou Hellenistes ;
mais il ne faisoit qu'un mesme corps
avec les Anciens, ou Prestres, qui
avoient aussi leur Jurisdiction conjointement avec lui en qualité de Juges.
D'où nous devons inferer, que dans
les commencemens de l'Eglise, le
maniement des affaires, & la Jurisdiction qu'on nomme aujourdhui
Episcopale, ne dependoit pas de l'E-
vesque seul, non plus que la distribution des offrandes, mais de tout le Senat, ou Assemblée des Prestres ; &
cela a duré tant qu'il n'y a eu dans
chaque ville qu'une Eglise, qu'un Autel,

tel, & qu'un Senat de Prestres joints à leur Evesque, parce qu'il estoit difficile alors, que l'Evesque se rendît le maistre de toute la Jurisdiction & de l'administration des revenus. Mais aussi-tost qu'il fut necessaire d'augmenter le nombre des Eglises, il eut sujet de craindre, que ceux qui gouvernoient ces nouvelles Eglises, ne voulussent s'attribuer la qualité d'Evesques, se voyant à la teste d'une Eglise particuliere. C'est pourquoi les Evesques commencerent à s'attribüer quelque autorité sur eux, & il fallut pour cela ordonner, qu'il n'y auroit qu'un Evesque dans chaque ville, de qui dependroient les Anciens ou Prestres, ausquels on commettoit le gouvernement des nouvelles Eglises, qui furent nommées *Titres*. St. Jerôme appuye fortement cette opinion dans ses Commentaires sur l'Epistre de St. Paul à Tite, où il assûre qu'avant ce partage, chaque Eglise estoit gouvernée par le Conseil com-

Origine de la grande autorité des Evésques.

A 6

mun

mun des Prestres ; mais que pour oster toute occasion de schisme, l'on choisit un de ces Prestres ou Anciens, pour estre le Chef, & pour prendre le soin de toute l'Eglise. Il pretend que les noms de Prestre & d'Evesque ne differoient point dans les commencemens, & que c'est pour cela que St. Paul s'en sert indifferemment : puis il ajoûte, (1) qu'il n'y a que la coustume qui ait fait les Evesques plus grands que les Prestres. Ce qui peut estre confirmé par l'autorité de St. Paul, lequel escrivant aux Eglises, comprend sous le nom d'Anciens tant l'Evesque que les Prestres.

On remarquera cependant, que l'Eglise s'estant augmentée, a emprunté beaucoup de mots & de choses du gouvernement des Republiques Grecques, & que lors qu'il a esté necessaire d'ériger des Dioceses, l'on a suivi en cela les departemens des Provinces, tels qu'ils étoient

(1) *Episcopi noverint, se magis consuetudine, quàm dispositionis dominicæ veritate, Presbyteris esse majores.* Hier. Comm. in Epist. ad Tit.

toient dans l'Empire. L'Eglife, qui
dans fon commencement deferoit
beaucoup au peuple, rendit dans la
fuite fon gouvernement plus Ari-
ftocratique, lors qu'on vit que la
multitude du peuple n'apportoit que
de la confufion aux affaires. Ce fut
alors qu'on imita la Police des Republiques Ariftocratiques. Nous
voyons mefme dans les Actes des
Apoftres, deux fortes d'Affemblées,
auffi-bien que dans les Republiques.
L'une eft compofée des principaux
d'entre les Fidéles, & elle s'appelle
Ecclefia. L'autre admet toute forte de gens indifferemment ; & c'eft
ce que les Republiques d'Afie nommoient *Agoraïa,* qu'ils ont toûjours
diftingué de l'Affemblée qui s'appelloit *Ecclefia.* C'eft pourquoi le nom
d'Eglife eft demeuré aux Affemblées
des Chreftiens, & les Grecs qui ont
fait les premieres Loix Ecclefiaftiques, l'ont toûjours confervé ; d'où il
eft en fuite venu parmi les Latins,

A 7

qui

qui font redevables aux Grecs de toute la Police Ecclefiaftique établie dans les premiers fiecles. C'eſt de cette maniere que nous devons interpreter les paroles (1) d'Origene touchant la forme du gouvernement des Eglifes , qu'il explique par rapport aux Republiques Grecques. Les Atheniens , par exemple , appelloient Evefques , ceux à qui ils commettoient le foin des villes qui dependoient de leur Republique.

L'Eglife a eſté long-tems fans reconnoiſtre d'autre terme que celui d'Evêque , pour marquer celui qui avoit la principale intendance ; & lors mefme qu'il eſtoit neceſſaire de marquer un Evêque qui euſt Juriſdiction fur les autres, elle appelloit ces Evefques , (2) *les premiers Evefques d'une Nation* ; ou elle fe fervoit de quelque autre façon de parler , fans inventer de nouveaux mots. On trouve neanmoins le nom

de

(1) Origen contr. Celfum.

(2) Τὺς Ἐπισκόπους ἑκάστȣ ἔθνȣς εἰδέναι χρὴ τ̃ ἐν αὐτοῖς πρῶτον. Can. 33. Apoſt.

de Metropolitain dans le Concile de Nicée; & les Grecs, dont la Langue est feconde en nouveaux mots, en ont inventé un grand nombre, pour exprimer les differens Offices de l'Estat Ecclesiastique, lesquels n'ont pas esté si-tost en usage dans l'Eglise Latine. Ces noms d'Archevesque, de Primat & de Patriarche, ne font que des tittres d'honneur & de Jurisdiction exterieure; au lieu que la qualité d'Evesque, & mesme d'Ancien ou Prestre, est un titre qui marque l'Ordination, laquelle les Apostres ont empruntée de la Synagogue, qui élisoit ses Ministres par l'imposition des mains. C'est ainsi que Moïse imposa les mains à Josüé & aux autres Anciens, qui furent aussi-tost remplis du Saint Esprit. Si nous voulons nous en rapporter à l'autorité des Rabbins, le pouvoir d'imposer les mains n'appartenoit pas seulement au Chef du Sanhedrin, mais mesme aux autres Anciens; ce qui

Origine de l'Ordination des Prestres & des Evesques.

qui semble estre mesme confirmé par
(1) St. Jerôme, qui pretend que
les Anciens ou Prestres ont long-
tems joüi de ce droit dans l'Eglise
d'Alexandrie, où les Prestres qui é-
toient au nombre de douze, à l'imitation des Apostres, élisoient un
d'entre eux pour estre leur Evesque,
auquel ils imposoient les mains tous
ensemble, comme le Patriarche Eu-
tychius l'a remarqué dans ses Annales Ecclesiastiques.

Aprés avoir parlé des personnes
qui avoient le soin des Revenus Ecclesiastiques, & avoir marqué en quoi
ces biens consistoient, il sera bon
d'ajoûter, que ces sortes de Revenus
estoient plutost des subsides qui é-
toient employés pour faire subsister
les pauvres, que de veritables biens.
Aussi n'estoit-il point besoin d'aucunes solennités pour les consacrer à
l'Eglise, puis qu'ils n'estoient point
fixes, & que les loix de l'Empire ne
permettoient pas aux Chrestiens de
pos-

posseder des fonds. Au reste, les Col-
lectes dont nous avons parlé, ne cesse-
rent pas aprés la mort des Apostres ;
car nous lisons dans une (1) Apolo-
gie de St. Justin Martyr, que dans
les Assemblées publiques les Fideles
faisoient leurs aumônes aprés la
communion, & qu'il y avoit un des
Freres qui gardoit cet argent, pour
le distribüer ensuite à ceux qui en a-
voient besoin. Cette coustume é-
toit aussi en usage au tems de (2) Ter-
tullien, & l'Eglise n'a point eu d'autres
Revenus que ces sortes d'aumônes,
jusqu'au tems de Constantin, qui permit aux Eglises de posseder des biens
immeubles, & de recevoir des heritages. (3) Pline le Jeune remarque,
qu'il estoit deffendu aux particuliers
de donner leurs biens à aucun College ou Communauté, mais qu'ils
devoient choisir des heritiers certains & determinés, & non pas les
Dieux en general. Il est vrai que
les Loix firent en suite cette re-
stric-

(1)
St. Just.
Apol. 2.

(2)
Tertul.
Apolog.

(3) *Plin.*
Epist.
lib. 5.

ſtriction , qu'on pourroit leguer ou donner ſes biens aux Colleges ou Communautés permiſes & licites , & cela par un privilege ſpecial. Les Synagogues des Juifs , qui eſtoient du nombre de ces Communautés permiſes , furent cependant exclües de ce privilege : & parce que les Aſſemblées des Chreſtiens ont toûjours eſté rejettées ſous les Empereurs Payens , comme des Aſſemblées illicites , il eſt conſtant que l'Egliſe n'a joüi d'aucunes poſſeſſions , juſqu'au IV. Siecle ſous l'Empire de Conſtantin. On peut voir toutes ces Loix dans le Corps du Droit Civil, où elles ſont inſerées.

Origine des biens immeubles dans l'Egliſe.   Ce fut donc dans ce tems-là que les Egliſes commencerent à eſtre doitées , auſſi bien que les Temples des Payens , parce que l'on ne conſidera plus les Aſſemblées des Chreſtiens comme des Conventicules. L'Empereur Conſtantin leur accorda de grands privileges , & permit à chacun

cun de leur donner des fonds de toutes sortes de possessions. Il voulut
mesme qu'elles heritassent du bien
des Martyrs, des Confesseurs & de
ceux qui avoient esté éxilés, quand
les veritables heritiers ne paroissoient
point. Je ne parle point ici de la
donation que Constantin, selon
quelques (1) Auteurs, fit à l'Eglise de
Rome, parce qu'il est de notorieté
publique, que l'Acte en est faux, &
que les Successeurs de Constantin ont
joüi des terres dont il y est fait mention. On peut dire que les privileges accordés par Constantin aux
Eglises pour posseder des fonds, ont
apporté de grands desordres : ce qui
fit dire à Saint Jerôme, que (2) l'E-
glise estoit devenue, à la verité, plus
puissante & plus riche sous les Princes Chrestiens, mais qu'elle estoit
moins vertueuse. Saint Chrysostome (3) descrit au long l'estat pitoya-
des des Evesques & des autres Ecclesiastiques depuis que l'Eglise avoit
des

(1) *Euseb. liv. 2. de la vie de Const. ch. 36.*

(2) *Potentiâ quidem & divitiis major, sed virtutibus minor facta est. Hier. in vita. S. Malchi.*
(3) *Chrysost. Homil. 86. in Matth.*

des terres & autres biens fixes, parce qu'ils abandonnoient leurs emplois pour vendre leur blé & leur vin,
& pour avoir soin de leurs metairies :
outre qu'ils passoient une partie de
leur tems à plaider. Il souhaitte de
voir l'Eglise dans l'estat où elle estoit
au tems des Apostres, lors qu'elle ne
jouïssoit que des aumônes & des
offrandes des Fideles. St. Augustin estoit aussi de ce sentiment, &
(1) il est rapporté dans sa vie, qu'il a
refusé plusieurs fois des heritages
qu'on presentoit à son Eglise, jugeant
qu'il estoit plus à propos de les laisser
aux heritiers legitimes. Et nous·li-
sons dans la mesme vie, que St. Augustin n'a jamais voulu acheter de
maisons , ni de terres, ni aucune
autre possession pour son Eglise. En
quoi il marquoit sa sagesse & sa prudence : car il n'y a rien qui empesche
davantage les Fidéles de faire des
charités aux Eglises, que lors qu'ils
voyent qu'elles jouïssent de quantité
de

(1)
Possid.
in vita
Aug.
cap. 24.

de fonds, dont le revenu n'est pas cependant si assuré que les aumônes que l'on fait à une Eglise qui n'a pas la reputation d'estre riche. Aussi est-il vrai que ceux qui savoient la volonté de St. Augustin, vendoient leurs terres pour lui en donner l'argent : ce qu'ils faisoient d'autant plus volontiers, qu'ils étoient persuadés, que cet Evesque l'employoit à de saints usages, & non à de nouvelles acquisitions au profit de son Eglise.

Quoi que les Evesques & les Diacres eussent dans ce tems-là le soin des Revenus Ecclesiastiques, cela n'empescha pas qu'il n'y eust plusieurs abus dans l'administration de ces Revenus dés le tems mesme de Constantin. Ce qui obligea les Peres du Concile de Gangres, à faire une Ordonnance contre les Eustathiens, qui partageoient entre eux les biens de l'Eglise. Il fut arresté dans ce Concile,

que

Abus dans l'administration des biens Ecclesiastiques.

(1) que l'Eveſque ſeul, & ceux à qui il auroit commis le ſoin des Revenus Eccleſiaſtiques, pourroient recevoir & diſtribuer ce qu'on donnoit aux Egliſes. Mais il arriva peu de tems aprés, (2) que les Eveſques mêmes abuſerent de leur pouvoir : car étant la plus-part pauvres & chargés d'une famille, ils retenoient une partie des biens Eccleſiaſtiques pour la faire ſubſiſter. Et tout ce qu'on put faire, afin d'arreſter ce deſordre, fut (3) de leur permettre de donner quelque choſe à leurs parens, s'ils eſtoient pauvres, en leur deffendant en même tems de vendre les fonds qui appartenoient aux Egliſes. L'on fut même obligé de ne laiſſer plus l'adminiſtration des revenus Eccleſiaſtiques au pouvoir des Eveſques, des Preſtres & des Diacres, ſans en rendre conte. Le Concile d'Antioche ordonna, que les Eveſques rendroient conte de l'adminiſtration de ces revenus dans le Synode Provincial

cial. Et afin que l'on ne confon-
dit pas les biens qui étoient en propre aux Evesques avec ceux qui appartenoient à leurs Eglises, (1) chaque Evesque si-tost qu'il estoit élû,
donnoit une declaration du bien
qu'il possedoit, lequel bien étoit separé de celui de son Eglise, & il en
disposoit à sa volonté, le laissant mesme par testament à qui il lui plaisoit,
selon la disposition des Loix Civiles.
Mais nonobstant toutes ces precau-
tions, les Evesques se rendoient toûjours les maîtres des biens Ecclesiastiques, & l'on fut obligé de créer
des Economes pour en avoir le soin,
afin que les Evesques pussent s'appliquer davantage aux fonctions de
leurs Charges. Ces Economes furent aussi necessaires pour conserver
le revenu des Eglises, que les Evesques & les autres Ecclesiastiques
n'employoient pas selon les Canons.
Mais parce qu'ils estoient mis de la
main des Evesques, l'on retomboit

toû-

(1) Ἔστω
φανερὰ
τὰ ἴδια
τῦ Ἐπισ-
κόπȣ
πράγμα-
ται, (εἴγε
κ̀ ἴδια
ἔχί) καὶ
φανερὰ
τὰ κυ-
ειακά.
Can. A-
post. 39.

toûjours dans le mesme desordre, &
les pauvres avoient sujet de se plaindre de ces mesmes Evesques, qui ne
leur faisoient qu'une tres-petite part
des biens qui leur estoient destinés.
Toutes ces raisons obligerent les Peres du Concile de Calcedoine, à ordonner qu'à l'avenir les Economes seroient choisis d'entre ceux du Clergé,
& qu'il ne seroit plus libre aux Evêques d'administrer eux-mesmes les
Revenus de l'Eglise.   Cette Charge
devint si considerable dans l'Eglise de
Constantinople, que les Empereurs
ôterent au Clergé la nomination des
Economes, afin d'y pourvoir eux-
mesmes.   Ce qui dura jusqu'au tems
de l'Empereur Isaac Comnene, qui
remit ce droit à la disposition du Patriarche.

Vsage de
l'Eglise
d'Occi-
dent dif-
ferent de
celui
d'Orient.

Le pouvoir des Economes ne fut
pas si grand dans l'Eglise d'Occident,
que dans l'Eglise Orientale : car comme les Evesques & les autres Ecclesiastiques ne distribuoient pas les Revenus

venus, de l'Eglise selon l'équité, outre que les Eglises estoient mal entre-
tenües l'on fut obligé de marquer
en particulier l'emploi qu'on feroit
des biens Ecclesiastiques : & cela
fut ordonné de cette maniere ; savoir
que l'Evesque avec le consentement
de son Clergé, feroit quatre portions de tout le revenu de son Eglise, dont la premiere lui appartien-
droit ; la seconde feroit donnée aux
Ecclesiastiques ; la troisiéme aux
pauvres ; & enfin la quatriéme seroit appliquée à la fabrique des Eglises. (1) Gratien rapporte une lettre du Pape Zosime adressée à
un Archidiacre, où il est fait mention de cette distribution, sans permettre neanmoins que les biens de
l'Eglise fussent demembrés, comme le pretendoient quelques Ecclé-
siastiques, qui vouloient qu'on leur
assignât des terres pour leur portion. St. Gregoire repondant à
quelques questions qui lui avoient

B esté

(1) Gra-
tien Cauf.
12 quest.
2. cap.
23.

St. Greg.
Pape.

esté faites par Augustin Evesque des Anglois, confirme ce partage qui avoit desja esté approuvé par plusieurs autres Papes ; & il veut en mesme tems, que la portion de l'Evesque ne soit pas seulement pour lui, mais pour toutes les personnes qui lui feront necessaires, & pour entretenir l'hospitalité. Les Evesques firent une chicane à leur Clergé touchant ce partage, & pretendirent qu'il ne devoit point avoir part aux nouvelles acquisitions de l'Eglise : mais le mesme Pape St. Gregoire regla cette affaire en faveur du Clergé.   Les Prestres de plus pretendirent, qu'ils devoient avoir les deux parts de la portion qui estoit assignée au Clergé, & que les autres Ecclesiastiques ne devoient avoir que la troisiesme partie de cette portion. Cette affaire fut remise à l'Evesque, qui donneroit à chacun selon son travail & ses merites.   Cependant St. Gregoire, qui suivoit en cela un

droit

Disputes pour le partage des biens Ecclesiastiques.

droit establi dans les Eglises d'Occident, escrivant à Augustin touchant la Discipline qu'il devoit observer dans l'Angleterre, lui mande qu'il
estoit plus à propos de garder la communauté des biens dans l'Eglise
d'Angleterre, que d'y introduire ces
sortes de partitions. Aussi verrons-
nous dans la suite de ce discours, que
le partage des biens Ecclesiastiques a
esté la cause de la plus-part des desordres qui sont arrivés dans l'Eglise ;
& j'ose dire, que ce qui a conservé
une plus grande pureté de l'ancienne Discipline dans l'Eglise Orientale, vient principalement, de ce
que les Orientaux n'ont jamais fait
ces sortes de partages. Il n'y a que
l'Eglise d'Occident qui ait mis les
biens Ecclesiastiques en titres, de
la mesme maniere que si les particuliers estoient les maistres de ces
biens.

Les Princes barbares, qui oc-
cuperent une partie de l'Empire, ap-

Change-
ment de
Disci pli-
ne dans
l'Eglise.

B 2

apporterent de grands changemens dans l'Eglise , & la Discipline des Canons ne se conserva que dans l'Orient. Les Grecs neanmoins se sont quelquefois relâchés de certains droits Ecclesiastiques en faveur de leurs Princes: mais cela n'est rien, si on le compare avec ce qui se passa dans l'Occident sous les Princes barbares.

Office des Economes.

Les Economes dont nous avons parlé, ne prenoient pas seulement le soin des Revenus de l'Eglise par ordre des Evesques , mais ils les conservoient encore pendant la vacance du Siege , & les distribüoient à ceux à qui ils appartenoient de droit & selon les Canons. Mais parce que la plus-part des Ecclesiastiques avoient des fonds en propre , soit de patrimoine , soit des aquisitions qu'ils avoient faites , il survint de grandes difficultez pour distinguer ces sortes de biens à la mort des Ecclesiastiques: plusieurs mesme pretendirent, que ceux qui vi-

vivoient des biens de l'Eglise , ne pouvoient point en conscience retenir leur patrimoine. St. Jerôme, qui fut de ce sentiment, assûre que les biens Ecclesiastiques estoient destinés aux pauvres ; ce qui estoit assez conforme à l'Ordonnance de Constantin, qui defendoit aux personnes riches d'entrer dans les emplois de l'Eglise, quoi qu'il l'eust faite pour des raisons politiques & pour l'utilité de l'Estat. La plus-part des autres Peres furent aussi du sentiment de St. Jerôme; & St. Augustin ne recevoit point de Clercs dans son Eglise , qu'ils ne se fussent auparavant defaits de leurs biens , soit en faveur des pauvres , ou en les vendant. Il vouloit que tous ses Clercs fussent veritablement pauvres à l'imitation des Apostres , & qu'ils vécussent tous en commun des Revenus Ecclesiastiques. On remarquera neanmoins, qu'il n'exigeoit cela d'eux que comme une plus grande perfection, & qu'il n'a jamais crû qu'il

B 3

fust

fust neceſſaire pour entrer dans l'E-
gliſe, & joüir des Revenus Eccleſiaſtiques, de ne poſſeder rien du tout.
Autrement, il ſe ſeroit oppoſé aux anciens Canons, qui laiſſoient la liberté aux Eccleſiaſtiques, des biens
qu'ils avoient en propre. Il eſt vrai
que ces Canons ont eſté faits dans
l'Egliſe Orientale, où la plus grande
partie des Eveſques ayant eſté mariés avant leur élection, avoient encore leurs femmes & leurs enfans, &
où les Preſtres & les Diacres pouvoient ſe marier. C'eſt pourquoi il
eſtoit raiſonnable de ne leur oſter pas
leurs biens. Ajoutez à cela, que
lors que ces Canons furent faits, les
Egliſes eſtoient pauvres ; & quelque
tems meſme aprés Conſtantin, il
n'y avoit que les Egliſes des grandes
villes qui fuſſent riches.

Cependant ces anciens Canons
de l'Egliſe Orientale furent (1) re-
nouvellés dans les Egliſes d'Occident, quoi qu'il n'y euſt pas les meſmes

Cauſ. 12.
queſt. 3.

mes raisons de le faire. Il fut seulement defendu aux Ecclesiastiques, de disposer par testament des biens qu'ils avoient eu de leurs Eglises, parce que les Fidéles ne donnoient pas leurs biens aux Eglises pour enrichir les Ecclesiastiques. S'il arrivoit neanmoins que l'Evesque mourust sans faire testament, & qu'il ne se trouvast point d'heritiers, alors l'Eglise estoit l'heritiere de tout son bien. Les Eglises d'Espagne, qui avoient une Traduction Latine des anciens Canons Grecs, avoient pris les usages de cette Eglise, lesquels se communiquerent aussi aux autres Eglises d'Occident. On remarquera ici en passant, que Gratien se trompe souvent ; & l'on ne doit ajouter foi à ses citations, que lors qu'elles se trouveront conformes aux anciens Canons Grecs. Les sommaires mesmes qu'il rapporte des Canons, ne sont pas toûjours vrais, comme quand il est marqué genera-

Gratien.

B 4

le-

lement à la teste du Canon tiré du
Concile de Tarracone, que le bien
de l'Evesque qui meurt sans avoir fait
testament, doit retourner à l'Eglise,
au lieu qu'il est dit simplement dans
ce Concile, que les Prestres & les
Diacres feront Inventaire de ses
biens, & cela conformément aux
Canons Grecs, afin qu'on pust sepa-
rer ce qui estoit à lui en propre, d'a-
vec ce qui estoit à son Eglise. Mais
ce n'est pas ici le lieu de corriger les
fautes qui se trouvent dans la collection de Gratien.

(1) *Am-*
mian.

(2)
Zozim.

(1) L'Empereur Julien revoqua la
plus-part des privileges accordés aux
Eglises par Constantin. (2) Il leur osta
mesme leurs biens; alleguant pour
pretexte, que la perfection de la
Religion Chrestienne consistoit dans
la pauvreté. Mais Valentinien revoqua en suite les Edits de Julien.
Il ne restablit pourtant pas toutes

Edits des
Empe-
reurs.

les graces que Constantin avoit faites à l'Eglise; & les Empereurs

qui

qui lui succederent furent encore
moins liberaux. Mais l'avarice des
Ecclesiastiques suppléa au defaut de
la liberalité des Empereurs : car si
nous ajoutons foi à ce que St. Jerôme
rapporte des Prestres & des Moines
de son tems, il n'y a sorte d'artifice
dont ils ne se servissent pour attirer le
bien des particuliers. Je ne ferai point
de difficulté d'en produire ici quelques temoignages, puis que le Cardinal Baronius l'a bien fait avant moi ; a-
prés quoi l'on jugera facilement, que
cet Anachorete dont parle Severe
Sulpice, avoit raison de dire, (1) qu'il
n'y avoit rien qui fust plus-capable
de destruire l'Eglise, que les grandes
richesses. Comme il seroit mal-aisé de
traduire en nostre Langue les paroles de St. Jerôme avec la mesme force
& la mesme grace qu'elles ont dans
l'Original, je me contenterai d'en
rapporter seulement quelques extraits en Latin. Voici de quelle maniere il parle dans (2) une de ses Lettres

Avarice
excessive
des Ec-
clesiasti-
ques.

St. Jerô-
me.

(1)
Ecclesiam
auro non
strui, sed
potiùs de-
strui.
Sulpit.
Sever. in
Dialog.

(2)
Hier. in
Epist. ad
Eustoch.

à Euſtochium, de ce qui ſe paſſoit
à Rome parmi les Eccleſiaſtiques.
„ Clerici --- oſculantur capita ma-
„ tronarum, & extentâ manu , ut
„ benedicere eos putes velle , ſi ne-
„ ſcias, pretia accipiunt ſalutandi: ---
„ quidam in hoc omne ſtudium vi-
„ tamque poſuerunt , ut matrona-
„ rum nomina , domos moresque
„ cognoſcant; ex quibus unum, qui
„ hujus artis eſt princeps , breviter
„ deſcribam. ----- Cum ſole feſtinus
„ exurgit, ſalutandi ei ordo diſponi-
„ tur, viarum compendia requirun-
„ tur , & penè uſque ad cubicula
„ dormientium ſenex importunus in-
„ greditur; ſi pulvillum viderit , ſi
„ mantile elegans, ſi aliquid dome-
„ ſticæ ſupellectilis , laudat, mira-
„ tur , attrectat, & ſe his indigere
„ conquerens , non tam impetrat
„ quàm extorquet.   Il décrit encore
plus naturellement dans une autre
de ſes Epiſtres , les ſervices bas &
honteux que les Preſtres & les Moines

nes de son tems rendoient aux vieil-
lards & aux Dames qui estoient sans
enfans, afin d'avoir leurs biens &
leurs heritages. *Audio*, dit-il, *in se-
nes & anus absque liberis quorundam
turpe servitium. Ipsi apponunt ma-
tulam, obsident lectum, purulen-
tiam stomachi & phlegmata pulmonis
manu propriâ suscipiunt*, &c. L'on
peut voir plus au long dans les Epistres de ce St. Docteur, le portrait
qu'il fait des Ecclesiastiques de son
tems ; & il ne peut s'empêcher de
condamner la vanité des veuves de
qualité, qui ne voulant pas se remarier, pour n'estre pas obligées de se
soumettre à un mari, estoient bien-
aises de trouver des Ecclesiastiques
qui leur fissent la cour, afin de
pouvoir commander. *Illæ interim*,
dit ce Pere, *quæ Sacerdotes suo vide-
rint indigere præsidio, eriguntur in
superbiam, & quia maritorum ex-
pertæ dominatum, viduitatis præfe-
runt libertatem*. Ses Commentai-

res sur l'Ecriture Sainte sont aussi remplis de ces sortes de plaintes contre l'avarice des Ecclesiastiques, auxquels il reproche la cupidité qu'ils ont de vouloir enrichir leurs parens des biens qui appartiennent aux pauvres. Je passe sous silence une infinité d'autres reproches qu'il leur fait, & qui lui attirerent la haine des Ecclesiastiques & des Moines de son tems. Il ne disoit pourtant rien qui ne fust vrai & approuvé par tous les gens de bien : & lors que la plus-part des Prêtres & des Moines le condamnoient comme un homme medisant & violent, (1) Sulpice Severe prit sa defense, & fit les mesmes plaintes des Ecclesiastiques, dont il blâme la vanité insuportable. Ces plaintes n'étoient donc pas seulement de St. Jerôme, qu'on ne peut pas accuser en cela d'emportement, puis que (2) St. Hilaire avant lui, avoit comparé les mêmes Ecclesiastiques aux Scribes & aux Pharisiens hypocrites, (3) lesquels fai-

(1) *Sulpit. in Dialog.* (2) *Hilar. Comm. in Psalm.* (3) *Comedentes domos viduarum, & oratione longa orantes,* Matth. 23: 14.

faisoient en apparence de longues
prieres, & mangeoient les maisons
des veuves. Enfin, si l'on condamne St. Jerôme d'emportement, il
faudra aussi condamner St. Gregoire de Nazianze, St. Basile, St. Ambroise, & en un mot tous les plus
grands Saints de ce tems-là, qui ne
pûrent souffrir l'avarice des Ecclesiastiques. Mais ce qui justifie davantage St. Jerôme ; c'est que les Empereurs Valentinien, Valens &
Gratien furent obligés de faire une
loi contre ces abus, laquelle se trouve en ces termes dans le Code
Theodosien. *Ecclesiastici, aut ex* *Codex*
Ecclesiasticis, vel qui continentium *Theodos.*
se volunt nomine nuncupari, vi- *Loix des*
duarum ac pupillorum domos non ad- *Empe-*
eant ; sed publicis exterminentur ju- *reurs*
diciis, si posthac eos ad fines earum vel *contre*
propinqui putaverint deferendos. Cen- *l'avarice*
semus etiam, ut memorati nihil de ejus *des Ec-*
mulieris, cui se privatim sub prætex- *clesiasti-*
tu Religionis adjunxerint, liberalitate *ques.*

B 7

quâ-

*quâcunque vel extremo judicio possint
adipisci, & omne in tantum ineffi-
cax sit, quod alicui horum ab his fuerit derelictum, ut nec per subjectam
personam valeant aliquid vel dona-
tione, vel testamento percipere*, &c.
Cette loi, qui est adressée au Pape Damase, fut lûë dans les Eglises
de Rome.   (1) St. Jerôme n'accuse pas les Empereurs d'injustice,
pour avoir publié une loi qui paroissoit estre contre les libertés de l'Eglise; mais il accuse l'avarice des Ecclesiastiques, lesquels pour avoir
méprisé la Loi de Dieu, ont esté
obligés d'obeïr aux loix des hom-
mes: & il temoigne que les Prestres
& les Moines sont en cela inferieurs
aux Prestres des Idoles, & aux so-
cietés des personnes infames, qui
pouvoient recevoir des heritages.   Il
falloit que le desordre des Ecclesiastiques fust alors tres-grand dans Rome, pour avoir porté des Princes
Chrestiens à faire des loix si ri-
gou-

(1) *St.
Jerôme
dans son
Epist. à
Nepotian.*

goureuses contre les Ecclesiastiques.

Comme les Moines sont compris
dans les plaintes que St. Jerôme & les
autres Peres ont faites contre les Ecclesiastiques, il est à propos de parler de leur origine & de leur progrés, & d'expliquer de quelle maniere ils ont eu part aux Revenus & aux
affaires de l'Eglise. On attribüe ordinairement l'origine du Monachis-
me à St. Paul Hermite & à St. Antoine, à l'exemple desquels l'Egypte
fut remplie entierement de Moines,
dont les uns estoient solitaires, & les
autres vivoient en communauté. Ce
genre de vie se repandit en suite dans
la Syrie, puis dans le Pont & dans
l'Asie Mineure. Ceux d'Egypte &
de Syrie ont toûjours retenu le nom
de St. Antoine leur Fondateur : au
lieu que ceux de la Province de
Pont & de l'Asie Mineure prirent le
nom de St. Basile, qui avoit apporté
d'Egypte en ces quartiers-là la Regle

de

Origine
& pro-
grés des
Moines.

de St. Antoine.   Ainsi St. Basile &
St. Antoine ont rempli tout le Le-
vant de Moines qui portent aujourdhui leurs noms. St. Athanase estant
venu à Rome, & y ayant publié la
vie de St. Antoine, plusieurs embrasserent aussi en Italie ce genre de vie,
qui se repandit de là dans les autres
Provinces.

On prendra cependant garde, à
ne pas confondre avec les Moines les
Clercs qui vivoient en communauté
sous la direction de leurs Evesques.

Euseb.
Vercell.

Eusebe, Evesque de Verceil, fut le
premier dans l'Occident qui joignit,
selon le temoignage de St. Ambroise,
deux choses qui paroissoient contraires, savoir la Regle Monastique à
la forme de vivre des Clercs. On ne
doit pas s'imaginer, que ces Clercs
fussent de veritables Moines, non plus
que ceux qui embrasserent le mesme
genre de vie sous St. Martin & sous
St. Augustin. Ils prirent seulement
des Moines leur façon de vivre en

Les
Clercs
qui vi-
voient en
commu-
nauté
diffe-
roient
des Moi-
nes.

com-

communauté, n'en estant pas moins utiles pour cela à l'Eglise : au lieu que les Moines dans les commencemens estoient hors les villes, & la plus-part Laïques ; & bien loin de servir au Public dans les fonctions Ecclesiastiques, leur profession les en éloignoit entierement. Tout leur emploi consistoit en la priere & au travail des mains, & ils s'appliquoient aussi à l'étude de l'Ecriture Sainte. Il est vrai que les Evesques tiroient quelquefois les Moines de leurs Monasteres pour les associer à leur Clergé ; mais ils cessoient alors d'estre Moines, & ils estoient mis au nombre des Clercs. St. Jerôme distingue toûjours ces deux genres de vie, & parlant de lui-mesme comme Moine, il dit, (1) *Les Clercs sont Pasteurs, & moi je suis au nombre des brebis* ; & il se fonde toûjours sur ce principe, qu'autre chose est d'estre Moine, autre chose est d'estre Clerc : *Alia Monachorum est causa, alia Clericorum.*

(1) *Clerici pascunt oves, ego pascor.* Hieron. Epist. ad Heliod.

Il reconnoiſt neanmoins , que les Moines n'eſtoient pas exclus par leur profeſſion des emplois Eccleſiaſtiques ; qu'au contraire, le Monachiſme leur devoit ſervir comme d'un Novitiat pour y parvenir, quand leurs Evêques les en jugeroient dignes.   (1) *Vivez* , dit-il, eſcrivant au Moine Ruſticus , *d'une maniere que vous puiſſiez meriter d'eſtre Clerc ; & ſi le peuple , ou voſtre Evêque jette pour cela les yeux ſur vous , faites ce qui eſt du devoir d'un Clerc.*

Les Moines eſtoient alors ſoumis aux Eveſques & aux Paſteurs ordinaires , n'ayant pas meſme d'autres places dans les Egliſes , que le reſte du peuple , parce qu'ils eſtoient au nombre des Laïques.   Mais comme il arriva pluſieurs Hereſies dans l'Egliſe Orientale , & qu'il y euſt de ſavans Moines qui s'y oppoſerent fortement, on trouva à propos de les tirer de leurs grandes ſolitudes , &

on

(1) *Sic vive , ut Clericus eſſe merearis: quòd ſi populus, vel Epiſcopus te in Clericum eligat , age quæ ſunt Clerici.* Hier. in Epiſt. ad Ruſt. Monach.

Les Moines ſoûmis aux Evêques.

on les mit dans les fauxbourgs des
villes, pour estre utiles aux peuples.
St. Chrysostome jugea mesme, qu'il
falloit les faire venir dans les villes.
Ce qui fut cause, que la plus-part
s'appliquant aux Lettres, aspirerent
à la Clericature, & se firent promou-
voir aux Ordres avec beaucoup de
precipitation; de quoi le Pape Zosime se plaint dans une de ses Epistres.
Mais comme ils estoient utiles aux
Evesques, tant pour les affaires civiles qu'Ecclesiastiques, ils s'acquirent beaucoup de reputation; & les
mesmes Evesques qui estoient bien-
aises d'avoir un Clergé nombreux,
& d'avoir auprés d'eux des personnes
propres à faire reüssir leurs desseins,
leur donnerent des emplois considerables, dont ils s'acquiterent tres-
bien, ainsi qu'ils le firent paroistre
dans l'affaire de Nestorius. Mais
ayant abusé de l'autorité qu'on leur
avoit accordée, & se rendant insu-
portables à tout le monde, mesme

aux

aux Evesques, à cause de leur vanité, & qu'ils se mesloient de toutes sortes d'affaires, sans la permission des Evesques ; les Peres du Concile assemblés à Calcedoine, trouverent à propos de faire des loix contre les Moines, pour arrester les desordres qu'ils causoient dans l'Eglise. C'est pourquoi il fut ordonné dans ce Concile, qu'à l'avenir les Moines seroient entierement soumis aux Evesques, sans la permission desquels ils ne se mesleroient plus d'aucunes affaires ni civile, ni Ecclesiastique ; qu'ils n'abandonneroient point leurs Monasteres pour courir de costé & d'autre, & pour venir dans les villes ; qu'ils ne bastiroient aucun Monastere, ni Oratoire, sans la participation de l'Evesque du lieu ; & qu'ils seroient éloignés des emplois Ecclesiastiques, si ce n'estoit qu'ils y fussent appellés par leurs Evesques, lors qu'ils le jugeroient necessaire.

Voilà de quelle maniere l'on restablit

tablit le droit commun a l'égard des
Moines, qui n'avoient pas esté long-
tems sans s'emanciper; & ils furent
dans une entiere dependance des
Evesques, qui prenoient le soin des
Monasteres tant pour le spirituël,
que pour le temporel. Comme ces
Moines faisoient alors une partie du
peuple, ils n'avoient point aussi d'autre temporel que ce qu'ils gagnoient
à leur travail, & ils avoient part aux
aumônes que l'Evesque leur faisoit
distribüer, s'ils estoient dans la
necessité, de la mesme maniere
qu'aux autres pauvres. Outre cela,
le peuple leur donnoit des aumônes
particulieres, afin qu'ils priassent
Dieu pour lui. Il y en avoit pourtant qui gardoient quelque chose de
leurs Patrimoines; mais St. Jerôme les condamne, comme de
faux Moines, qui ne suivoient point
les regles de la pauvreté Evangelique. Pour ce qui est du spirituël, ils se trouvoient à la Paroisse

avec

avec le reste du peuple, & on leur accorda aussi quelquefois de faire venir chez eux un Prestre, qui leur administrast les Sacremens. Enfin ils eurent la liberté d'avoir un Prestre qui fust de leur corps, à condition que ce Prestre demeureroit Moine, & qu'il ne serviroit qu'aux besoins spiritüels du Monastere. Ce qui leur donna occasion d'avoir des Eglises particulieres, & de faire comme un Corps separé. Il fut aprés cela impossible aux Evesques, d'empêcher qu'ils ne fissent dans leurs Monasteres toutes les fonctions Ecclesiastiques; & depuis ce tems-là il y a eu toûjours de la dispute entre les Evesques & les Moines, parce que les Moines refusoient en beaucoup d'occasions de se soumettre aux ordonnances de leurs Evesques, lesquelles ils pretendoient estre contraires à la Discipline de leurs Monasteres.

Quoi qu'en ces tems-là la plus-part des Moines fussent dans l'Orient, il

ne

Origine des Eglises chez les Moines.

Moines dans l'Occident avant St. Benoist.

ne laissoit pas d'y en avoir un grand nombre dans l'Occident, avant que St. Benoist y eust establi un Ordre particulier. St. Jerôme, St. Ambroise & St. Gregoire font mention des Moines qui estoient en Italie, dans les Gaules & dans plusieurs autres endroits de l'Europe. De plus, les Auteurs qui ont escrit les commencemens de la Religion Chrestienne en differens païs, parlent tous des Moines qui estoient dans ces païs-là. Il y avoit neanmoins cette difference entre les premiers Moines qui estoient dans l'Europe avant Saint Benoist, & ceux qui sont venus aprés lui, que les premiers étoient simplement Moines, sans estre attachés à aucun Ordre particulier. Il suffisoit d'estre Moine, pour estre reçû en cette qualité dans tous les Monasteres, quand on voyageoit. On ne parloit point alors de Regles particulieres : mais chaque Moine tâchoit de se perfectionner

sur

Difference des anciens Moines d'avec ceux d'aujourdhui.

sur le modele des autres, & d'em-
brasser ce qu'il croyoit estre le plus
parfait dans la vie Monastique. De
sorte qu'on peut dire, que les Moines
tant de l'Orient que de l'Occident,
estoient tous d'un mesme Ordre,
n'y ayant en ce tems-là parmi eux
aucune marque de distinction. Les
anciennes Regles qui avoient esté
escrites par les premiers Moines,
doivent estre plutost considerées
comme de differens Commentaires
sur la vie Monastique, que comme des
Regles differentes ; car l'intention
de ceux qui embrassoient ce genre de
vie, n'estoit pas de se distinguer de
la maniere de vivre des autres hom-
mes par des Regles particulieres,
mais de s'assujettir plus particulierement aux maximes de l'Evangile, &
de chercher tous les moyens possi-
bles de vivre selon les conseils de nôtre Seigneur, qui veut qu'on se déta-
che entierement de la terre pour le
suivre seul.

Jo

Je ne dirai rien ici de la Regle de St. Benoist, qui est entre les mains de tout le monde. L'on remarquera seulement en passant, que le dessein de ce Saint ne fut pas d'apporter des nouveautés dans la vie Monastique, mais de faire un recueil de ce qu'il trouvoit de plus parfait dans les autres Regles. Les choses ont bien changé de face depuis ce tems-là. Tous les Ordres des Moines font aujourdhui autant de petites Republiques differentes dans l'Eglise, & ce font autant de petits Estats qui ont tous leurs interests separés. Reprenons maintenant nostre matiere touchant l'origine & le progrés des Revenus Ecclesiastiques.

Les Rois barbares ne se furent pas plûtost rendus les maistres d'une partie de l'Empire Romain, que les Loix Civiles & Ecclesiastiques reçûrent de grands changemens. Il fallut s'accommoder à l'esprit & à l'humeur de ces nouveaux Conquerans, qui

Changemens dans l'Etat & dans l'Eglise.

C   se

se meslerent des affaires de l'Eglise.
Il n'y eut plus la même liberté qu'auparavant pour l'élection des Evesques. Les Princes voulurent assûrer leurs Estats, en ne donnant les
Eveschés qu'à des personnes sur lesquelles ils pûssent se reposer. Ainsi
l'on commença à regarder les Dignités Ecclesiastiques , comme des
Charges purement Laïques, qui é-
toient en la disposition des Princes,
& dont ils pouvoient recompenser
ceux qui estoient à leur service.
Mais ce qui fut encore plus perni-
cieux à l'Eglise , c'est que les Princes
& les autres Seigneurs ne firent plus
de distinction des biens consacrés à
Dieu & des biens profanes. Il fallut se soumettre aux necessités du
tems; & les grandes guerres qu'on
estoit obligé de soustenir , furent
cause que la meilleure partie des
biens de l'Eglise tomba entre les
mains des Laïques. On en fit des
Contracts d'achat & de vente , comme

me l'on faifoit des autres biens ; & ces Contracts paffoient pour legitimes, lors qu'ils eftoient faits dans les formalités accouftumées. Perfonne ne s'y oppofoit. Les Evefques & les Moines traittoient fouvent pour cela avec les Laïques, foit par vente, ou par échange. Les anciens Cartulaires font remplis de ces fortes de Contracts ; & l'on y voit, que les enfans qui heritoient de leurs peres, partageoient les Eglifes avec les autres biens. Les Comtes ou Juges regloient les differens qui naiffoient entre les particuliers pour ces fortes de biens, de la mefme maniere que pour les autres heritages & poffeffions.

Les biens Ecclefiaftiques fur le mefme pied que les biens profanes.

Il eft vrai que quelques fcrupuleux diftinguerent les Autels d'avec les Eglifes ; comprenant fous le nom d'Eglifes, les terres & autres revenus dont on pouvoit contracter ; & l'on donnoit l'Autel à un Preftre, à qui l'on fourniffoit une penfion pour

Diftinction des Eglifes d'avec l'Autel.

 dire

dire la Messe, & pour s'acquiter des
autres fonctions Ecclesiastiques.
Mais il y en avoit qui estoient moins
scrupuleux, & qui ne faisoient point
cette distinction imaginaire : car l'on
trouve dans des Cartulaires anciens,
des Formules de ventes des Eglises
& des Autels avec les cloches, calices, croix & autres ornemens d'E-
glises.   Cela se pratiquoit mesme en
Italie, auparavant que les Papes fussent entrés dans la connoissance des
biens Ecclesiastiques qui ne dependoient point de leur Diocese.   L'on

Ruine des doit attribüer à ces tems fâcheux la
Ecclesia- ruine entiere des Ecclesiastiques par-
stiques ticuliers, qui furent obligés d'estre
particu- aux gages de ceux qui possedoient les
liers. Eglises : & ce qui est encore plus fâcheux, la plus-part de ces biens sont
retournés aux Eglises Cathedrales
& aux Monasteres, ausquels ils n'appartenoient point.   On trouve, à la
verité, dans ces mesmes Cartulaires,
des Formules de Contracts, qui font

voir

voir que les Moines ont acheté des Laïques plusieurs Eglises ; mais une partie de ces Eglises avoient esté u-surpées par les Laïques sur les Ecclesiastiques, à qui il falloit les restitüer, & non pas les vendre aux Moines.

Quand les administrations des biens Ecclesiastiques furent érigées en Benefices, ou titres perpetuels, les Ecclesiastiques qui estoient gagés par les Chapitres des Eglises Cathedra-les, par les Moines, & mesme par les Laïques, devinrent Vicaires per-petuels & Curés : mais la meilleure portion des Benefices demeura toû-jours aux Chanoines & aux Moines, qui prirent en-suite la qualité de Cu-rés primitifs. De plus, comme les particuliers n'estoient pas puissants, les Princes & les autres Seigneurs qui fondoient des Monasteres, ache-toient les Eglises de ces Ecclesiasti-ques, & les donnoient aux Moines, qui entretenoient des Prestres secu-liers pour avoir soin d'administrer les

C 3

Sacre-

Sacremens au peuple ; & cependant tout le revenu & les dîmes demeurerent aux Monasteres. Au reste, il ne sera pas inutile d'expliquer ici plus en detail l'origine & le progrés des revenus attachés aux Monasteres, & de parler en mesme tems de leurs privileges & exemptions ; & l'on pourra mesme appliquer aux autres Ecclesiastiques une bonne partie de ce qu'on dira des Monasteres.

Origine des fonds & autres revenus appartenans aux Monasteres. Nous avons monstré ci-dessus, que les Moines ayant fait profession de pauvreté, ne vivoient que de leur travail & des aumônes qu'ils recevoient en qualité de pauvres. Comme ils n'estoient pas employés aux fonctions Ecclesiastiques, ils ne pouvoient pas s'appliquer ces paroles de St. Paul, *Ceux qui servent à l'Autel, doivent vivre de ce qui est offert sur l'Autel :* & pourtant il semble qu'ils ne devoient jamais pretendre à joüir des Revenus Ecclesiastiques, lesquels, selon le droit naturel

rel & Evangelique, n'appartiennent
qu'aux Ministres de l'Eglise. Il est
cependant arrivé le contraire; car
la plus-part des Ecclesiastiques ont
esté despouillés du bien qui leur appartenoit, & les Moines en ont esté
revestus. Il a déja esté remarqué,
que les Moines s'appliquoient beaucoup à la priere, & que cela leur
attiroit les aumônes de plusieurs particuliers. Mais aprés que les Evesques leur eurent permis d'avoir des
Oratoires ou Eglises pour leur usage,
ces aumônes redoublerent, & l'on
commença à quitter les Paroisses
pour aller dans leurs Eglises. Il y
eut mesme des Moines qui firent
chez eux des Fonts Baptismaux, ainsi qu'il y en avoit dans les Eglises Bap-
tismales. Les Evesques leur defendirent, à la verité, d'administrer
aucuns Sacremens qu'à ceux de leur
Monastere, & ils empescherent
qu'ils n'eussent des Eglises Baptis-
males. Mais quoi qu'ils fussent

C 4

sou-

foumis à eux dans ce tems-là en toutes chofes , mefme pour ce qui regardoit la Difcipline Monaftique, il
ne fut pas en leur pouvoir d'empêcher que le peuple ne leur fift des aumônes.   Il y eut pourtant des Evefques qui voulurent les reduire à l'ancien droit , & ne leur permettre pas
d'avoir des Preftres chez eux : mais
le Pape St. Gregoire, qui eftoit porté pour les Moines , efcrivit à un de
fes Suffragans en leur faveur , afin
qu'il leur permift de celebrer la Mef-
fe dans leur Monaftere; & c'eft de là
principalement que font venües les
Meffes privées, qui ont efté fort utiles aux Moines , & qui apportent encore aujourdhui quelque revenu à la
plus-part des Communautés Religi-
eufes.

On trouve dans de vieux Miffels
efcrits à la main, que dans ce
qu'on appelle le Canon de la Mef-
fe, l'on faifoit mention des aumônes
que les Preftres recevoient : car au
lieu

Origine
des Mef-
fes pri-
vées.

lieu que le Prestre dit seulement ces paroles, *Seigneur, souvenez-vous de vos serviteurs & de vos servantes, & de tous ceux qui sont presents* ; il disoit autrefois, *Seigneur, souvenez-vous de vos serviteurs & de vos servantes qui me font vivre de leurs aumônes*, avec beaucoup d'autres paroles qui ne sont plus maintenant dans le Canon de la Messe. Comme l'on a toûjours crû dans l'Eglise, que les prieres, & principalement celles du Sacrifice, estoient tres-utiles aux morts ; les Moines reconnurent bientost l'utilité qu'il y avoit d'avoir parmi eux des Prestres, afin d'attirer les charités du peuple ; & par ce moyen ils acquirent de grands biens. On leur doit aussi attribüer l'origine des Chapelles particulieres, & de la multiplication des Autels pour celebrer plusieurs Messes à la fois : car, selon l'ancienne coustume, il n'estoit permis de dire qu'une Messe où tout le monde assistoit, & c'estoit

(1) Memento, Domine, famulorum famularumque tuarum, & omnium circumstantium: Memento, Domine, famulorum famularumque tuarum quorum eleemosynis sustentor. Can. Missal. MS.

C 5

mesme

mesme une chose inoüie, que plusieurs celebrassent la Messe en un
mesme jour sur un mesme Autel : lequel usage s'est toûjours conservé
dans l'Eglise Orientale.

On trouve dans les Formules de
Marculphe, plusieurs Actes de cessions ou donations en faveur des Monasteres. La Formule la plus ordinaire estoit exprimée en ces termes :
Moi N. fils de N. donne à tel Mona-
stere (1) *pour le remede de mon ame,*
tels & tels biens. Les enfans faisoient de semblables donations
aux Eglises, & principalement aux
Monasteres, pour le repos de l'ame
de leur pere & de leur mere. L'on
se contentoit ordinairement de mettre en general ces termes dans l'Acte,
(2) *pour le remede de mon ame, ou*
de celle de mon pere & de ma mere,
sans marquer en particulier le nombre des Messes, comme on le fait
presentement. Et par ce moyen ils
pouvoient recevoir toutes les fondations

(1) *Pro remedio animæ meæ.*

Formules des anciennes donations.

(2) *Pro mercede animæ meæ, vel genitoris & genitricis meæ.*

tions qui se presentoient, sans qu'ils fussent obligés d'augmenter le nombre des Prestres. Il est vrai qu'il y a quelques Formules de legs pieux, qui sont plus estendües, & dans lesquelles, outre ces termes *pro remedio animæ nostræ*, il est encore ajoûté, *Ut pius Deus & Dominus noster Jesus Christus peccata nostra dimittere & minuere dignetur, & Paradisi portas nos gaudentes introïre jubeat; & ut in ultimo tremendo Judicio non inter hædos ad sinistram, sed inter oves ad dextram aggregari mereamur consortio*, &c. Mais il n'est parlé dans ces Actes, que de la priere en general. Il y a neanmoins des Formules assez anciennes, où il est fait mention des obligations particulieres, dont les fondateurs ou bienfaicteurs chargent les Monasteres: mais ces Actes sont fort rares, & mesme quelquefois supposés. L'Empereur Louïs II. fils de Lothaire, dans un privilege qu'il donne à l'Ab-

An. 1061.

C 6   baye

baye de Casaure situee dans l'Abruf-
se, de laquelle il estoit fondateur,
oblige les Moines à dire tous les jours
trois Messes pour lui, de chanter le
Pseaume 120. dans tous les Offices &
les Hymnes des Vespres & des Ma-
tines; & cela *pour le rachat ou remede de son ame.* Ce privilege se trouve imprimé à la fin du VI. Tome du
Livre qui a pour titre, *Italia Sacra*;
& quoi que l'Auteur l'ait tiré de quelques Cartulaires, on y voit plusieurs
additions & marques de faussèté,
comme je l'ai reconnu, en le conferant avec un ancien Cartulaire de ce
Monastere, où le mesme privilege
est escrit sans toutes ces additions. Il
est vrai que le nombre des Messes
& les autres obligations qui sont
dans l'Imprimé, se rencontrent aussi
dans le Manuscrit: mais comme il y
a dans ce Cartulaire plusieurs autres privileges du mesme Empereur en faveur de ce Monastere pour
la mesme chose, où ces conditions ne
se

se trouvent point, il y auroit lieu de douter de la verité de ce privilege; outre que dans le premier Acte de la fondation il n'en est rien dit. Quoi qu'il en soit, il est certain que ces sortes de titres ne contenoient ordinairement que des obligations de prieres, & quelquefois de Messes, mais en general : ce qui a beaucoup contribué à augmenter les revenus des Monasteres, parce que les Moines pouvoient toûjours recevoir de nouvelles fondations ou legs pieux, sans s'engager pour cela à de nouvelles obligations; & les particuliers, qui estoient persuadés que les prieres des Moines leur seroient appliquées, n'avoient aucune difficulté de donner leurs biens aux Monasteres.

Les Moines ayant acquis par ce moyen un grand nombre de terres, & ne pouvant les cultiver eux-mesmes, firent une espece de Baux Emphytheotiques, qu'ils nomment *Convenientia.* On ignoroit alors

les

C 7

Moyens d'acquisition parmi les Moines.

les Loix Canoniques , qui defendent d'aliener ou d'affermer pour un long-tems les biens Ecclefiaftiques , lefquels eftoient foûmis aux Loix Civiles & aux ufages locaux , comme tous les autres biens.   Les Evefques & les Abbés vendoient & efchangeoient les revenus de leurs Eglifes fans en confulter les Papes.   Le Bail , qu'on appelloit *Convenientia* ou accord , eftoit pour un certain nombre de generations ; de forte que les fonds eftoient engagés pour plufieurs années , à condition d'un revenu annüel qu'on payoit à l'Abbaye :   & pour une plus grande feureté , l'on employoit dans l'Acte ,   (1) *Qu'on donnoit tant de terres par forme de preft , jufqu'à la troifieme generation, pour les cultiver , ameliorer , & en avoir feulement l'ufu-fruit , fans qu'il fuft permis de les vendre , de les efchanger , ni de les engager en aucune façon.*   Cette forme de Bail est encore aujourdhui en ufage en Angleterre

(1) *Ann. 970. Ad ufum fruendi per noftrum præftitum , cultandi & exfructandi , non vendendi , nec donandi , nec concambiandi , &c.*

terre parmi les Beneficiers Protef-
tans ; & les Moines s'en fervoient autrefois comme tous les autres Ecclefiaftiques , ayant la mefme liberté
qu'eux d'acquerir , de vendre , &
d'efchanger : au lieu que dans les
commencemens, ils faifoient fcrupu-
le d'avoir des fonds en propre , &
qu'ils ne prenoient ordinairement
que les terres abandonnées , qu'ils
cultivoient pour aider à les faire fub-
fifter.

Il eft fait mention dans le Traité
des matieres Beneficiales , attribüé
au P. Paul , d'une forme de Contract
nommé *precaria* , qui a apporté de
grandes richeffes aux Monafteres.
Les vieux Cartulaires font remplis
de ces fortes d'Actes, qui confiftoient
en une donation que les particuliers
faifoient de leurs biens aux Eglifes ;
puis ils obtenoient des mefmes Eglifes par des Lettres qu'ils appelloient
precarias, ou *precatorias* , les mefmes biens , pour les poffeder par une

espece

Explica-
tion du
Contract
nommé
precaire.

espece de Bail Emphytheotique : car la plus-part faisoient un Bail pour cinq ou six, & mesme sept generations, à condition de donner a l'Eglise ou Monastere un certain revenu tous les ans. Le peuple donnoit bien plus volontiers son bien aux Eglises, quand il voyoit qu'il s'en reservoit encore l'usu-fruit pour long-tems. J'ai mesme trouvé dans des Cartulaires anciens, des Formules de *precaires,* où les particuliers vendoient leur bien au Monastere, & obtenoient en suite des (1) Lettres pour cela jusqu'à la cinquiéme generation : de sorte qu'aprés la cinquiéme generation, les Monasteres pouvoient disposer du bien qui estoit à eux en propre du jour qu'on avoit contracté, & ceux qui l'avoient vendu n'en estoient plus que les usu-fruitiers, à condition qu'ils payeroient tous les ans une certaine somme d'argent, & qu'ils auroient soin (2) de cultiver & d'ameliorer les terres,

sans

(1) *Litteras precatorias usque in quintam generationem.* Sous Loüis II. Fils de Lothaire. (2) *Beneficiali ordine usu fruendi, cultandi laborandi, meliorandi, non verò vendendi, nec donandi, nec concambiandi,* &c.

sans en pouvoir rien vendre , ni donner, ni engager, ni eschanger, comme il estoit porté par la teneur de l'Acte. Il y avoit en ces tems-là plusieurs autres Actes de la mesme nature , qui estoient autorisés par les Loix Civiles & par les coûtumes des païs ; & l'on ne mettoit point de distinction entre les biens seculiers & les biens Ecclesiastiques. Il estoit permis aux Moines d'acquerir & de vendre, de la mesme maniere qu'aux Laïques.

Les personnes qui embrassoient la vie Monastique, servirent aussi beaucoup à enrichir les Monasteres : car il arrivoit ordinairement , que ceux qui choisissoient cette profession, ne se contentoient pas de se donner eux-mesmes à Dieu , mais ils lui offroient de plus tous leurs biens, de quoi ils faisoient un Acte selon les formes usitées en chaque païs. La teneur de cet Acte se trouve en ces termes dans l'ancien

Car-

Autres moyens d'acquisition.

Cartulaire de Casaure : *Moi N. fils
de N. en telle année de l'Empereur N.
& du Comte N. offre & donne de ma
propre volonté ce jourdhui ma propre
personne & tous les biens que je possede en tels & tels lieux, à tel Monastere
où je veux vivre le reste de mes jours.*
Et pour rendre cette offrande plus
solennelle, elle se faisoit dans l'Eglise,
où la personne estoit offerte à Dieu
avec tous ses biens, en mettant la
main sur l'Autel.   On remarquera
aussi, que la profession de la vie Monastique n'empeschoit point que les
particuliers n'heritassent du bien de
leurs parens, & qu'ils n'en disposassent en faveur de leur Monastere.
Les femmes veuves de plus, qui prenoient le voile de la main de l'Evesque, & qui aprés cela ne pouvoient
plus se remarier, donnoient au Monastere, ou aux autres Eglises, une
partie de leurs biens, dont on passoit aussi un Acte, dont la teneur é-
toit : *Moi N. fille de N. Servante de
Dieu,*

Dieu , qui ai pris le voile de Religion,
donne à N. Abbé , ou à tel Monaste-
re , tels & tels biens pour le remede
de mon ame & de l'ame de mon
mari.

Outre toutes ces voyes, qui ont
apporté de grands revenus aux Monasteres , on doit remarquer, que
les Constitutions de l'Ordre de St.
Benoist permettoient de quitter la
Communauté pour vivre solitaire
ou Anachorete , ce qui s'appelloit
(1) *d'homme de Cloistre devenir*
Anachorete. Ces Anachoretes ,
qui s'estoient retirés du Monastere
avec la permission de leur Abbé , alloient habiter quelques lieux du voi-
sinage; & ils n'estoient pas si solitaires , qu'ils ne fussent visités par le
peuple, qui venoit se recommander
à leurs prieres. On leur faisoit de
grandes aumônes , parce qu'ils é-
toient estimés plus saints que les autres; & ils recevoient toutes sortes
de donations , soit en fonds de terre,

ou

(1) *De Claustren-si fieri Anacho-ritam.*

ou en meubles.   Quand ils s'estoient enrichis en un lieu, ils alloient en un autre, où le peuple leur faisoit les mesmes charités.   Le bien qu'ils avoient acquis leur appartenoit, & ils en disposoient avant que de mourir, en faveur du Monastere d'où ils étoient sortis.   Et afin que leur donation fust dans les formes, on en passoit un Acte conçû en ces termes: (1) *Moi N. Prestre & Moine d'un tel Monastere, qui en suis sorti avec la permission de l'Abbé, pour mener une vie plus retirée, je donne à mon Abbé N. pour le repos de mon ame, tous les biens que je possede & que j'ai acquis avec sa permission.*   L'Acte de la donation contenoit un denombrement des biens, terres & Eglises que ces Solitaires laissoient à leurs Monasteres, & ils donnoient en mesme tems les Actes des donations particulieres, qu'on gardoit dans les Archives avec les autres Escritures.

Les Monasteres de plus, ne faisoient

(1) *Cartulaire de Casaure. Ann. 1036.*

soient aucune difficulté de vendre
les ornemens & les vases sacrés de
leurs Eglises.   Il est quelquefois fait
mention dans les anciens Cartulaires, des calices & des croix d'argent
qui avoient esté donnés en payement pour des fonds qu'on avoit a-
chetés des particuliers, sans qu'il y
en eust aucune necessité.   Mais ce
qui est encore plus surprenant, c'est
que les Moines achetoient indifferemment de toutes sortes de personnes, & assés souvent de ceux qui a-
voient abusé de leur authorité pour
usurper les biens des pauvres. Ce qui
donnoit occasion à plusieurs Seigneurs, de prendre le bien de leurs
voisins, parce qu'ils estoient assû-
rés qu'ils trouveroient des Moines à
qui ils les pourroient vendre.   Nous
en trouvons un exemple considerable dans le Cartulaire de l'Abbaye
de Mire en Suisse, qui a esté imprimé.   Le Moine qui a compilé les
Actes de la fondation de ce Monastere,

stere, aprés avoir fait le denombrement des terres & possessions qui appartenoient legitimement à l'Abbaye, fait en suite le denombrement des biens (1) qui avoient esté acquis par des voyes injustes. Ce bon Religieux temoigne estre obligé de publier ces acquisitions injustes, afin d'en donner la connoissance à ses Freres, & de decharger par ce moyen sa conscience : puis il fait mention d'un Calice d'or enrichi de pierreries, & de deux Croix d'argent, dont on avoit acheté en y joignant d'autre argent, des terres qui avoient esté usurpées par une personne de qualité sur de pauvres païsans : & enfin, aprés avoir representé l'injustice de ces sortes d'acquisitions, il ajoûte, (2) qu'on doit bien prendre garde de n'avoir pas tant de soin de son corps pour perdre son ame, en jouïssant d'un bien usurpé. Mais aprés toutes ces reflexions, il ne laisse pas de registrer

dans

(1) *Quæ cum injustitiâ & rapinâ, aut violentiâ, congregata, aut acquisita sunt.*

(2) *Dum unusquisque hoc solum attendere debeat, nè ita corpus nutriat, ut animam perdat; cogitetque quid prosit, si latro rapiat, & Monachus comedat.*

dans son Cartulaire les biens mal-ac-
quis, aussi bien que les autres. Car il
est rare que les Communautés Religieuses fassent des restitutions; personne ne croyant y estre obligé en son
particulier.

Les privileges que les Princes accorderent aux Monasteres, ont aussi
beaucoup contribüé à conserver
leurs biens & à les augmenter. Ces
privileges, qu'on appelloit (1) *Char-* (1) *Cartæ*
tes de franchise & commandemens *libertatis*
Royaux, exemptoient les Monasteres *& præ-*
des tributs ordinaires; & les Princes *cepta re-*
les ayant une fois pris en leur protec- *galia.*
tion, personne n'osoit les attaquer.
Quand ils avoient mesme des differens avec leurs voisins pour des terres
dont on leur disputoit la possession,
il arrivoit rarement qu'ils perdissent
leurs procés; parce que les Juges
qui estoient commis par les Princes,
favorisoient ordinairement les Moines, lesquels estoient considerés
comme gens appartenans aux mêmes

mes Princes , & dont les biens étoient en quelque façon censés de leur Domaine , principalement quand les Princes estoient fondateurs des Monasteres. L'origine des Investitures, qui ont causé tant de troubles dans l'Eglise entre les Princes & les Papes, vient de ces sortes de fondations, & elles ne marquoient autre chose dans les commencemens, que les terres dont le Prince revestoit ou investissoit une Eglise, pour parler dans les termes de ces tems-là. Les Actes mesmes qui se faisoient entre les particuliers, contenoient le terme d'*investir*, qui signifioit donner des terres & en mettre en possession. Afin que cela fût rendu plus solennel, on y ajoutoit de certaines ceremonies, qu'on peut nommer fictions de droit. J'ai trouvé dans une ancienne Formule d'investiture faite sous l'Empereur Louis II. que les Juges, & autres Seigneurs commis par le Prince , faisoient les investiveſtitures en ſon abſence, dont on laiſſoit un Acte, où étoient marquées les années du regne de l'Empereur, & celles du Comte ou Juge des lieux, avec le ſeing des autres juges & témoins preſens à cette ceremonie. La Formule étoit conçûë en ces termes : (1) N. N. *inveſtierunt per demandationem Auguſti, per colonnam de cur-te &c. N. Abbatem.* On lit en d'autres Formules d'inveſtitures, *per annulum.* En effet, la coûtume eſtoit de ſe ſervir tantoſt du baſton, tantoſt de l'anneau, & le plus ſouvent de tous les deux enſemble. Lors que ces inveſtitures ſe faiſoient par les Princes, on nommoit ce baſton, *baſton Royal,* de la meſme maniere que leurs privile-ges eſtoient appellés (2) *charte Roya-le, commandement Royal, juſſion Royale, protection Royale;* & il fut en-fin appellé (3) *ſceptre Royal.* Les inveſtitures des Eveſchés ſe faiſoient *per ſceptrum regale,* ainſi qu'il eſt rapporté par quelques Auteurs & dans les Cartulaires anciens. D Quoi-

(1) *Cartulaire de Caſaure.*

(2) *Carta regalis, præceptum regale, juſſio regalis, defenſio regalis.*

(3) *Sceptrum regale.*

Quoi que Charlemagne & ses Successeurs eussent remis l'élection des Evesques au Clergé & aux Moines conformément aux anciens Canons, elles ne se faisoient pourtant que du consentement des Princes, qui designoient le plus souvent ceux qui devoient estre élûs ; & l'on n'osoit agir autrement, parce qu'il falloit obtenir d'eux l'investiture des biens, & les privileges ou immunités. Cela ne s'observoit pas seulement en France & en Allemagne, mais mesme en Italie. On trouve dans l'ancien Cartulaire de l'Abbaye de Casaure, que les Moines de cette Abbaye fondée par l'Empereur Louis II. prirent toujours l'investiture des Empereurs & des Rois, sans avoir jamais recours aux Papes, jusqu'aux guerres qui furent entre les Papes & les Empereurs Allemans. Car alors, comme remarque le Moine qui a composé la Chronique jointe à ce Cartulaire, (1) les Chanoines & les

Investitures dependantes des Princes.

(1) *Ann. 1073. Cum non possent ad Imperatorem ire, quia jam discordia & dissidium inter Romanam Ecclesiam & Imperium Teuthonicorum parabatur, ad præsentium Apostolicæ Sedis accesserunt.*

les Moines furent obligés de s'a-
dresser aux Papes, pour obtenir des
privileges & la permission de proceder à une nouvelle élection, d'autant
que les guerres les empêchoient de
s'adresser aux Empereurs. Cela
se passa en Italie sous le Pontificat de
Gregoire VII. lequel a attaqué avec
tant de vigueur les investitures des
Princes: & bien que les Moines de
Casaure eussent déja obtenu du Pape
Leon IX. un privilege semblable
à ceux qu'ils obtenoient des Empereurs, ils se plaignent neanmoins,
de ce que les guerres les empeschent
d'avoir recours aux mesmes Empereurs, comme s'ils n'eussent reconnu les Papes pour le droit d'investiture, que parce qu'ils y estoient contraints par la necessité des tems.

Cette mesme Histoire nous apprend, que les Chanoines & les
Moines n'élisoient point leurs Evesques & leurs Abbés, qu'après en
avoir donné avis aux Empereurs &

 aux

aux Rois. C'est pourquoi dans les élections des Evesques & des Abbés, qui se faisoient par tout le Corps des Chanoines & des Moines, il étoit toûjours fait mention du consentement des Princes, & il n'y étoit jamais parlé du Pape, qui ne prenoit alors jamais aucune part à ces élections, méme dans l'Italie, comme il paroit manifestement du Cartulaire de Casaure & de la Chronique M S. qui y est jointe. Ce qui s'observoit encore sous l'Empereur Henri III. car cette Chronique fait mention d'un (1) Moine nommé Dominique, qui fut élû par toute la Communauté avec le consentement du même Empereur. L'Acte de cette élection est rapporté au long dans le Cartulaire avec le seing de tous les Moines qui élûrent Dominique ; & ils temoignent au commencement de cet Acte, qu'ils ont élû tous d'une voix, depuis le plus grand jusqu'au plus petit, Dominique Moine & Prestre : puis il ajoute, que cela s'est

Les élections ne dependoient point du Pape, mesme en Italie.

(1) Dominicus electus in Abbatem ab omni Congregatione, consensu Imperatoris Henrici venerabilis Churradi filii. Ann. 1047.

s'est fait du consentement d'Elelin Chancelier de l'Empereur Henri. Les mémes Moines affirment de plus dans cette Chronique, qu'ils furent obligés d'avoir recours au Pape Urbain II. parce que les Normans ne leur permettoient pas de s'adresser à l'Empereur. L'Auteur de cette Chronique ajoute, que leur Abbé Grimualdus alla trouver le Pape Urbain, pour lui exposer le pitoyable estat où les guerres avoient reduit l'Abbaye; & que depuis ce tems-là elle (1) commença à estre sous la protection de l'Eglise Romaine, ayant toûjours esté auparavant sous la protection des Empereurs.

Mais ce qui est encore plus à observer, il est dit dans cette mesme Chronique, (2) que l'Abbé Grimualdus fut le premier qui se servit du baston Pastoral qu'il reçût du Pape pour l'investiture de l'Abbaye, & que tous les autres Abbés ses Predecesseurs avoient porté un sceptre Royal, que les Empereurs leur avoient donné:

(1) *Sub protectione Romanæ Ecclesiæ, qï am hactenus Abbatia Sa: Cti Clementis ignoraverat, quia ab Imperatoribus gubernabatur, meruit collocari.*

(2) *Grimualdus primus ab Urbano in Abbatem consecratus, baculum pastoralem in loco sceptri regalis, quod antecessores sui & ipse ex dono Imperatoris in dextera portabant, suscepit.*

c'est

c'est pourquoi le Moine qui a descrit le Cartulaire de cette Abbaye, représente d'un costé le Pape Urbain, & de l'autre l'Abbé Grimuald, à qui le Pape met une Crosse en main, au lieu qu'il avoit representé les autres avec un baston ; & il fait dire ces vers au Pape Urbain en parlant à l'Abbé.

Cæsaris ob sceptrum baculum tibi
porrigo dextrum,
Quo benè sis fretus, plus Cæsare
dat tibi Petrus.

Mais les Moines connurent bientost par experience, que le baston Pastoral du Pape ne les defendoit pas comme le baston Royal. C'est pourquoi l'Auteur de cette Chronique (1) deplore la misere où son Monastere fut reduit en ce tems-là, & regrette la perte qu'il avoit faite, depuis qu'il n'estoit plus protegé par les Empereurs.

(1) Abbatia quæ hactenus fuit Imperialis Camera, modò datur pro pretio, sicut à mercatoribus venditur vilis ancillula. Ubi sunt fastus regales ? Ubi sceptri magnificentia ?

J'ai

J'ai rapporté ceci , afin de faire voir le peu de pouvoir que les Papes avoient avant ce tems-là dans les élections des Evesques & des Abbés ; & que d'autre part , les Princes en estoient entierement les maistres. Cependant les Moines faisoient toujours employer ces paroles dans les immunités ou privileges que les Princes leur accordoient ; *qu'ils auroient la liberté d'élire un Abbé de leur Communauté , conformément à la Regle de St. Benoist.* Mais avec tout cela , ils n'osoient élire aucun Abbé , que du consentement des mesmes Princes , qui leur designoient le plus souvent ceux qui devoient estre élus , n'observant pas mesme le reglement , qui portoit que l'Abbé seroit toujours pris de la Maison dont il devoit estre Abbé. La liberté d'élection n'estoit que dans les Abbayes peu considerables ; & encore falloit-il avoir dans les commencemens la permission de l'Evesque du lieu où estoit située

Les élec-
tions
n'étoient
libres que
de nom.

D 4　　　　l'Abl'Abbaye.   Avant la Regle de St. Benoist, les Moines estoient soumis aux Evesques en toutes choses, ne pouvant rien entreprendre que de leur consentement. Mais le Statut qui est dans cette Regle touchant l'élection des Abbés, laquelle se devoit faire par les Moines de la Communauté, leur servit d'occasion pour s'exemter peu à peu de la Jurisdiction de leurs Evêques. Il est vrai que les Moines dependant des Evesques, mesme pour l'observation de leur Regle, ne pouvoient élire un nouvel Abbé, qu'ils n'en eussent auparavant obtenu la permission de leurs Evesques: mais comme ils representoient leur Regle, on ne les empêchoit pas de l'executer; ainsi ils obtinrent des Evêques le pouvoir d'élire leurs Abbés selon qu'il estoit porté dans leurs Constitutions. Il ne fut plus en suite besoin d'avoir recours aux Evêques pour proceder à une nouvelle élection ; car les Evesques mesmes abandonnerent à l'Abbé & aux Moines

Origine des exemptions des Monasteres.

tout

tout ce qui regardoit la Regle, & l'on
commença à mettre de la difference
entre ce qui estoit de la Jurisdiction
des Evesques, & ce qui appartenoit à
la Discipline Monastique. Les Moines allerent mesme plus avant : ils obtinrent de leurs Evêques des exemptions pour ce qui regardoit la Jurisdiction Episcopale. Et lors que les Papes
eurent une fois acquis dans les Dio-
cefes des autres Evesques, le pouvoir
qu'ils y ont maintenant, l'autorité des
Evesques fut entierement diminuée :
car les Papes accorderent aux Moines, le plus souvent pour de l'argent,
autant d'exemptions qu'ils voulurent.
Il faut neanmoins prendre garde, que
les premieres exemptions des Moines ne font pas si estendües que celles des derniers tems, & que plus l'autorité des Papes s'est accrüe, plus les
privileges des Moines ont augmenté à
proportion. Au reste, ces exemptions
ont été tres-utiles aux Monasteres, &
fort incommodes aux Ecclesiastiques
qui dependoient d'eux : car comme

D 5 les

les Abbez estoient les maistres pour le spirituel, aussi bien que pour le temporel, les contestations qu'ils avoient avec les Ecclesiastiques étoient toujours reglées en faveur du Monastere.

Les Abbés de plus s'accommodoient assez souvent avec ceux à qui ils donnoient l'administration des Eglises, & retranchoient une partie de leur portion, laquelle revenoit au Monastere : & pour en venir plus facilement à bout, ils pretendoient que le droit d'Eglise Baptismale appartenoit à leur Monastere, & par consequent les dîmes & tous les autres droits Ecclesiastiques. Si les Prestres opposoient, qu'ils avoient toujours reçû les dîmes, & qu'ainsi leur Eglise devoit estre censée Baptismale ; alors les Moines se defendoient par d'autres voyes, & asssûroient que les Prestres ne jouïssoient de ces dîmes, que parce que les Abbés avoient bien

voulu

voulu les leur laisser par charité, quoi qu'elles fussent de droit au Monastere. C'est ainsi que les Moines de l'Abbaye de Mire ont autrefois pretendu, que les dîmes des Eglises qui dependoient de leur Monastere, estoient à eux. Je rapporterai ici les termes inserés dans les Actes de la fondation de cette Abbaye, afin que chacun puisse juger du droit que les Monasteres ont pris souvent sur des Eglises qui dependoient d'eux, sans estre pour cela fondés dans de bons titres. (1) *De decimis verò, quas Clerici anteà hîc à nostris agris accipiebant, credendum est Antecessoribus nostris hoc potiùs pro charitate, vel ad solatium victûs, quàm pro justitia & subditione sanxisse; & in potestate Abbatis est, utrum velit alio dare, aut sibimet habere, admonitique sunt à modo omnes qui secesserint huc ad habitandum, nè unquam consentiant ut Clericus Curam ab Episcopo, sed Abbate accipiat, quòd*

D 6   *istud*

Differens entre les Moines & les Curez pour les dîmes.

(1) *Acte de la fondation de l'Abbaye de Mire.*

istud Monasterium est Mater Ecclesia.
A quoi l'on peut ajouter, que les Abbés donnoient assez souvent le gouvernement des Eglises à quelquesuns de leurs Moines, qui faisoient l'office de Curé en la place des Prêtres seculiers; & alors il estoit facile d'attribüer au Monastere les dîmes qui appartenoient aux Curés. Il y avoit, à la verité, quelquefois des disputes entre les Evesques & les Moines; mais les Moines gagnoient aisément les Evesques, à qui ils donnoient de l'argent, afin qu'il leur fust permis d'establir des Vicaires ou Curez dans les Eglises qu'ils pretendoient dependre de leurs Monasteres.

Pour connoistre mieux l'usage de ces tems-là, on remarquera, que Gregoire VII. & les autres Papes ses Successeurs, firent plusieurs Constitutions, pour obliger les Laïques à restitüer aux Eglises les dîmes & les autres Revenus Eccle-

clesiastiques dont ils jouïssoient :
mais la plus-part de ces restitutions
ne se firent qu'aux Eglises Cathedrales & aux Monasteres , bien que les
biens appartinssent à des Eglises particulieres. Comme l'Eglise estoit a-
lors distinguée de l'Autel , les Monasteres retenoient les Eglises , c'est-à-
dire les terres , les dîmes & les autres
revenus : mais parce que le droit de
pourvoir à ces Autels estoit aux Evesques, il fallut que les Moines l'obtinssent des Evesques ; ce qui s'appella
(1) *le rachat des Autels.* Godefroi de
Vendôme , & d'autres Auteurs du
mesme tems , font mention de ce
droit. De plus , le Concile de Clairmont ordonna , *Que les Autels qui
auroient esté donnés aux Chapitres ou
aux Monasteres par les Vicaires qu'on
appelloit personnes, retourneroient au
pouvoir de l'Evesque , si ce n'est que
les Evesques eussent confirmé par escrit la donation faite aux Chapitres & aux Monasteres.* Pour avoir

D 7   cette

Distinc-
tion de
l'Eglise
& de
l'Autel.

(1) *Alta-
rium re-
demptio.*

cette confirmation de l'Evesque, il falloit lui donner une certaine somme d'argent. Et ce desordre en causa un autre ; car les particuliers voulurent aussi avoir des Eglises, dont ils tiroient le revenu à l'imitation des Chanoines & des Moines, en les faisant deservir par des Vicaires. Il n'estoit point besoin, que ceux qui estoient pourvûs de ces Autels, fussent Prestres, ayant substitué des Vicaires en leurs places. Jean de Salisberi condamne cet abus, (1) & ne peut souffrir que ceux qui ne servent point à l'Autel, vivent de ce qui est offert sur l'Autel, s'attribüant le revenu des Eglises, sans rendre aucun service à ces mesmes Eglises. Yves, Evesque de Chartres, se plaint aussi de ce desordre dans une Lettre au Pape Urbain II. où il lui represente la mauvaise coustume qui estoit en France à l'égard de ses sortes de personats, & qui avoit esté autorisée par les Evesques ses Predecesseurs : *Qui altari*

(1) *Nolunt Sacerdotio onerari, aut servire altario, qui de altario vivunt — sed personatus quasdam introduxerunt, quorum jure ad alium onera, ad alium referuntur emolumenta.*

altari non serviunt, dit-il, *de altari vivunt, à quo sacrilegio cùm eos ab-sterrere velim, monendo, increpan-do, excommunicando, altaria à me redimere volunt sub nomine personæ, sicut à Prædecessoribus meis ex prava consuetudine redemerunt.*

Le Pape Urbain condamna, à la verité, cet abus dans un Concile te-nu à Clairmont, pour empescher la simonie que les Evesques commet-toient en vendant les Autels : mais il semble que ceux qui les avoient a-chetés des Evesques, profiterent de leur simonie ; car il fut ordonné dans ce Concile, que ceux qui jouïs-soient depuis 30 ans de ces Autels, ne seroient point inquietés à l'avenir, & que les Evesques n'exigeroient plus d'eux le droit qu'ils nommoient *redemptio altarium.* Le Pape Paschal, Successeur d'Urbain, confirma le mesme decret dans une de ses Epis-tres à Yves Evesque de Chartres, & à Ranulphe Evesque de Xaintes,

où

où il leur parle en ces termes : *Ipsi Arvernensi Concilio adfuistis, in quo præsidente Prædecessore nostro bonæ memoriæ Papa Urbano, consentientibus Galliarum Episcopis, decretum est ut altaria quæ ab annis triginta sub Vicariorum redemptione Monasteria possedisse noscuntur, quietè deinceps & sine molestia qualibet Monasteriis ipsis firma permaneant.*

Voilà de quelle maniere les Monasteres & les Chapitres, qui estoient aussi compris dans le decret du Concile de Clairmont, retinrent à perpetuité plusieurs Autels qui ne leur appartenoient point ; & ils furent en mesme tems exempts de payer aux Evesques les droits ordinaires qui se payoient aprés la mort des Vicaires , pour avoir la liberté d'y mettre d'autres Vicaires en leurs places. Il eust esté , ce me semble , plus à-propos & plus conforme aux anciens Canons , de laisser

ser aux Evesques le pouvoir de pourvoir aux Autels. Et ce qui prouve
que ce droit appartenoit aux Evesques, c'est que lors que les Laïques
furent contraints de restituer aux
Eglises les dîmes & les autres revenus Ecclesiastiques dont ils jouïssoient, il fut ordonné dans le Concile de Melfi sous le Pape Urbain II.
Qu'aucun Laïque n'eust la liberté
de donner aux Monasteres, ni aux
Chapitres, les dîmes, Eglises, ou
autres droits Ecclesiastiques, sans
le consentement de l'Evesque du lieu,
ou la permission du Pape. Mais
il arriva que les Evesques abuserent
de leur pouvoir, & qu'ils permi-
rent aux Chapitres & aux Monasteres de prendre ces biens des mains
des Laïques, à condition qu'on
donneroit à eux Evesques, une
certaine somme d'argent, afin
qu'ils accordassent la liberté d'establir des Prestres ou Vicaires,
qui prissent le soin du spirituel

des

des Eglises.   Ces decrets des Papes
qui furent accompagnés d'excom-
munications, firent peur à plusieurs
Laïques, lesquels au lieu de restitüer
les biens Ecclesiastiques aux Eglises
particulieres à qui ils appartenoient,
les restitüerent aux Chapitres & aux
Monasteres avec la permission des
Evesques.   Les Laïques aimoient
beaucoup mieux restitüer les dîmes
& les autres biens Ecclesiastiques
aux Chapitres & aux Monasteres
dont ils tiroient de l'argent, qu'à des
Eglises particulieres,   qui ne pouvoient pas leur en donner.   C'est
pourquoi les Conciles ordonnerent
que ces restitutions ne se feroient
point sans le consentement des Evesques, afin d'empescher toutes sortes de pactes ou conventions entre
les Laïques & les Communautez
Ecclesiastiques.   Il se trouva pourtant plusieurs Laïques qui ne furent
point esbranslés par les excommuni-
cations de Gregoire VII. & des
au-

autres Papes. Ils garderent, nonobstant cela, les dimes & les autres
Revenus Ecclesiastiques. Ils insti-
tüerent de plus des Prestres pour a-
voir soin du spirituel, sans prendre
l'institution des Evesques. Ce qui
fut cause que dans le Concile de La-
tran sous Alexandre III. il fut arres- (1) *Conc.*
té, (1) *que les Clercs ou Prestres qui* *Later. III.*
prendroient le gouvernement des E- Cap. 14.
glises des mains des Laïques sans l'au-
torité de l'Evesque du lieu, fussent
excommuniés; & que s'ils persis-
toient, ils fussent deposés de leur Mi-
nistere. Les Papes cependant souf-
frirent que les Laïques retinssent la
jouissance des dimes des Eglises
dont ils estoient en possession : mais
ils accorderent des privileges aux
Chapitres & aux Moines pour les
retirer de leurs mains, quand bien
mesme les Evesques n'y voudroient
pas consentir. Ces sortes de privileges qu'on obtenoit facilement de la
Cour de Rome, apporterent de
grands

grands revenus aux Chapitres &
aux Monasteres, lesquels chargerent du gouvernement spirituel des
Eglises les Prestres seculiers, en
leur donnant des pensions si modi-
ques, que les Papes furent obligés
de condamner cette avarice des
Chanoines & des Moines, qui refusoient aux Prestres ce qui leur
estoit necessaire pour les faire subsister.

Disputes
entre les
Evesques
& les
Moines.

Les grands biens dont les Monasteres jouissoient, donnerent de la ja-
lousie aux Evesques & aux Chanoines, & mesme aux Princes, à qui
l'on representa, que la plus-part de
ces biens devoient plutost appartenir à des Prestres seculiers qui eussent
le soin des Eglises, qu'à des Moines
qui estoient exclus par leur profession de toutes les fonctions Ecclesiastiques. Mais comme les Moines a-
voient profité de l'ignorance & des
vices des Prestres seculiers, & qu'on
leur avoit donné le gouvernement de
la

la plus-part des Eglises, il fut difficile de les chasser de ces Eglises pour y restablir les Prestres seculiers. C'est pourquoi il y eut de grandes disputes entre les Chanoines & les Moines, principalement en Angleterre, où les Moines avoient depouillé les Chanoines de leurs Canonicats, & avoient mesme obligé les Prestres seculiers à se faire Moines, s'ils vouloient jouïr de leurs Benefices. Les Evesques firent tout leur possible pour éloigner les Moines des Dignités Ecclesiastiques : mais d'autre part les Moines avoient recours aux Papes, lesquels s'estoient déja rendus les maistres d'une bonne partie de la Jurisdiction des Evesques. Mais les Princes qui estoient persuadés que les Monasteres estoient devenus trop riches, favoriserent le parti des Evesques contre les Moines & les Papes. Tous les Archevesques de Cantorberi avoient esté Moines depuis Augustin, que le Pape St. Gregoire

goire avoit envoyé en Angleterre , jufqu'au Regne de Henri I.
Mais comme l'on vint à proceder
fous ce Prince à l'élection d'un Ar-
chevefque , (1) tous les Evefques
d'Angleterre temoignerent haute-
ment , qu'ils ne vouloient point avoir
un Moine pour leur Primat, & qu'il fe
trouvoit dans le Clergé des perfonnes auffi vertueufes & auffi propres
pour gouverner une Eglife, que dans
les Monafteres. On commença donc
à ofter peu à peu aux Moines le gouvernement des Eglifes , quoi qu'ils
fuffent protegés par les Papes.   On
diftingua neanmoins toujours les
Chanoines reguliers d'avec les Moines ; & cela mefme fubfifte encore
aujourdhui, car nous voyons qu'il y a
peu de Moines qui prennent le foin
des Paroiffes, & qui faffent les autres fonctions Ecclefiaftiques hors de
leurs Monafteres : au lieu que les
Chanoines reguliers exercent par
tout ces fortes de fonctions , fans
qu'ils

qu'ils soient obligés comme les Moines, à mettre dans leurs Cures des Prestres seculiers.

Il reste maintenant fort peu d'Eglises Cathedrales qui soient occupées par des Moines, quoi qu'autrefois ce fût une chose fort commune, de ne voir dans les Eglises d'autres Chanoines, que des Moines qui prenoient en mesme tems le soin des Monasteres & des Eglises. Ce qui estoit entierement opposé aux Canons & à l'institution mesme de la vie Monastique. (1) St. Gregoire permet, à la verité, aux Moines d'entrer dans l'Ordre Ecclesiastique, & d'en faire toutes les fonctions, quand il plaira à leur Evesque les en charger: mais ils ne pouvoient plus alors demeurer dans leurs Monasteres, estant devenus de veritables Clercs. Les Moines firent pourtant le contraire, demeurant dans leurs Monasteres, & ils se chargerent du soin des Eglises. Nous lisons

Emplois Ecclesiastiques incompatibles avec les Moines.

(1) *Quisquis autem ex Monasterio ad Ecclesiasticum Ordinem pervenerit, ulteriùs illic nec aliquam potestatem, nec licentiam habeat manendi.* Greg. Papa.

ſons meſme dans l'Hiſtoire d'Angleterre , que l'Office d'Archidiacre
d'une Egliſe Cathedrale eſtoit attaché à la Charge de Prieur du Mona-
ſtere.	Le deſir qu'ils avoient d'enri-
chir leurs Maiſons, eſtoit la veritable
raiſon pourquoi ils continuoient de
demeurer dans leurs Communautés,
quoi qu'ils en fuſſent ſeparés de droit
par les emplois Eccleſiaſtiques où ils
s'engageoient ; & bien loin de ſe defaire de toutes leurs couſtumes Mo-
nachales, quand ils eſtoient aſſociés
au Clergé , ils introduiſoient dans
leurs Egliſes les uſages & les ceremonies de leurs Monaſteres : & c'eſt ce
qui facilita aux Preſtres ſeculiers leur
reſtabliſſement dans les Egliſes Cathedrales & dans les autres Benefi-
ces.	Mais nonobſtant cela, une
partie des revenus qui eſtoient aux
Egliſes particulieres, eſt demeurée
dans les Monaſteres.

De plus, les Princes & les Eveſques ne pûrent ſouffrir , que les Moines

nes occupassent les Dignites Ecclesiastiques, aprés que les Papes furent devenus si puissants, qu'ils disposoient à leur volonté de la plus
grande partie des Benefices : car les
Moines prenoient toujours les interests des Papes contre les Princes &
les Evesques, sous pretexte de defendre la liberté Ecclesiastique ; &
comme les Princes refusoient de se
soumettre au Pape, & qu'ils avoient
tous les jours des démeslés avec eux,
ils resolurent de ne donner les charges & emplois Ecclesiastiques, qu'à
des personnes voüées à leur service.
L'Histoire d'Angleterre nous fournit
un bel exemple de cela sous le Reg- Les Prin-
ne de Richard I. Ce Prince ayant ces des-
assemblé les Evesques de son truisent
Royaume, ne pût s'empescher de les Moi-
pleurer en leur presence, & de leur nes.
representer (1) qu'il estoit un mise- (1) *Se mi-*
rable, & non un Roi. Il se plaint *serum es-*
que les biens du Royaume sont di- *se, non re-*
visés en une infinité de parties, dont *gem.*
                                    Chron.
                                    Gervasii.

E   il

il ne lui en restoit que la moindre portion , & (1) qu'ils estoient possedés par des Moines noirs , par des Moines blancs , & par des Chanoines de differens Ordres.   Puis il reproche aux Prestres seculiers leurs vices scandaleux & leurs debauches connües à tout le monde.   *Eleemosynas populi* , dit ce Prince en parlant des Prestres seculiers , *distrahunt , & expendunt in pravos usus , dum magis cogitant de suarum pannis meretricum , quàm de suarum vestimentis vel libris Ecclesiarum —— Tolerabile malum videretur , si singuli suas mulierculas observarent , & saltem thorum non invaderent alienum.*

Ces desordres n'estoient pas seulement dans l'Angleterre , mais dans toutes les Eglises de l'Europe , où les Prestres , à qui il estoit defendu de se marier, selon les Canons de l'Eglise Occidentale , ne faisoient aucune difficulté d'avoir chez eux publiquement

(1) *Hæc enim & illa possident albi Monachi & nigri , & Ordinis diversi Canonici.*

ment

ment des femmes. Et l'on est obligé aux Moines, des services qu'ils
ont rendus à l'Eglise dans des tems
où les Prestres seculiers estoient
plongés dans le vice & dans l'ignorance : mais leurs services ne furent
plus si considerés, lors qu'ils se furent declarés pour les Papes, qui
vouloient estre seuls les maistres des
Revenus Ecclesiastiques contre l'ancien usage. Le Roi Richard, dont
nous venons de parler, attribüe à la
foiblesse des Prestres de son Royaume, le desordre que la Cour de Rome apportoit dans ses Estats. *Ro-*
mani, dit-il, *propter debilitatem*
vestram, adeò nobis infesti sunt, ut
nobis solummodò videantur impe-
rare, literulas suas nobis vendunt,
nec justitiam quærunt, sed litigia fo-
vent, multiplicant appellationes,
redimunt placitantes; & cùm solam
pecuniam appetunt, veritatem con-
fundunt, pacemque subvertunt. Ce
Prince continüant ces plaintes, te-

E 2

moigna

moigna aux Eveſques de la même Aſſemblée, que pour remedier
à tous ces maux, il falloit obliger les
Moines de ſe retirer dans leurs Monaſteres, ſans prendre part à l'avenir aux affaires Eccleſiaſtiques ; &
reformer les Clercs ſeculiers, qui
ſeroient beaucoup plus utiles que
les Moines, (1) pour reſiſter aux
entrepriſes injuſtes de la Cour de
Rome. L'avis du Roi fut ſuivi de
tous les Eveſques, & il fut reſolu
dans cette Aſſemblée, que les Moines qui poſſedoient des Egliſes Cathedrales, auroient leurs Egliſes
particulieres proche de ces Cathedrales, & qu'on eſtabliroit en leurs
places des Chanoines ſeculiers.
Voilà de quelle maniere les Princes joints aux Eveſques taſcherent
de reſtablir les Preſtres ſeculiers
dans les Egliſes ſelon les regles
du Droit commun. Mais cela
ne ſe fit qu'avec de tres-grandes
difficultés, parce que les Moines
estoient

(1) *Ro-
manis la-
tronibus,
ſi tranſ-
grediun-
tur, pote-
runt obeſ-
ſe.*

estoient protegés par les Papes, dont l'autorité estoit devenuë formidable ; & c'est principalement à ce tems-là que nous devons attribuer une bonne partie des exemptions que les Moines obtinrent de Rome, afin de ne dependre point des Evesques, qui ne tâchoient que de les destruire.

C'estoit une chose fâcheuse aux Princes, de voir que les Papes disposassent à leur volonté des biens que les Rois leurs Predecesseurs avoient donnés aux Eglises dans des tems où ils en estoient les maistres. Il est certain que les Princes n'auroient pas accordé de si grands biens aux Eglises, s'ils avoient crû qu'ils dûssent tomber entre les mains des Papes. Car à quoi bon donner aux Eglises des villes entieres & de grands domaines avec la Jurisdiction seculiere, pour n'en pouvoir plus disposer

dans

E 3

dans la fuite.   Les Historiens Allemans attribüent principalement aux Empereurs Otthons, les grandes richeffes dont jouïffent les Evefchés & les Monafteres d'Allemagne. (1) *Ottho primus omnibus penè Cathedralibus Ecclefiis in Italia, Gallia, Germania, Burgundia & Lotharingia conftitutis, multas civitates, caftra, oppida, villas, & multa alia dominia temporalia, & jurifdictiones donavit, atque illis omnibus Ecclefiis propria infignia perpetuò deputavit. Archiepifcopos quoque & Epifcopos Ducatibus, Comitatibus & Baroniis communivit, quibus nobiles & potentes Vafallos fubjecit, ut femper effent ad refiftendum & manu forti paganis Hæreticis,* &c. Cela ne s'accorde pas tout-à-fait avec les Reflexions que le (2) P. Paul a faites dans fon Hiftoire, où il pretend que les Evefques d'Allemagne ont ufurpé pendant les guerres entre les Empereurs & les Papes, les terres dont

ils

(1) *Theodor. de Niem, priv. & jur. Imp.*

(2) *P. Paolo Trattato delle mat. Benef.*

ils jouïssent maintenant avec les titres de Pairs, de Marquis, & de
Comtes. En effet, bien que cela
puisse estre vrai de quelques-uns,
l'on ne doit pas l'assûrer generalement de tous ; car les Archives de
ces Eglises font foi du contraire.
L'on doit cependant bien examiner
les titres qu'elles produisent, parce
qu'il s'en trouve beaucoup de faux.
Comme les Evesques & les Abbés
estoient alors employés dans les plus
grandes affaires de l'Estat, il leur é-
toit facile d'obtenir des Princes ce
qu'ils souhaittoient : outre qu'estant
plus capables que les Laïques, les
mesmes Princes se confioient beaucoup en eux. Mais tous ces grands
biens dont les Eglises ont esté enri-
chies, n'ont servi qu'à allumer la
guerre entre les Papes & les Princes ; chacun pretendant avoir un
droit particulier sur les Revenus Ecclesiastiques. Et cela partagea les
Auteurs de ces tems-là : les uns es-
E 4

crivi-

crivirent en faveur des droits prétendus par les Princes , & les autres en faveur des Papes. Et il est encore tres-difficile aujourdhui d'accorder ensemble les droits de ces deux Puissances.

Autorité du Pape pour les Benefices.

Personne ne peut nier , que le Pape ne soit en mesme tems Evesque ou Metropolitain de Rome , Patriarche d'Occident , & Chef de l'Eglise. Je n'examine pas maintenant , si toutes ces qualités lui conviennent de droit divin , ou de droit positif ; car cette question regarde plustost la Theologie que l'Histoire. Il est certain de plus , que le Pape n'a pas toutes ces qualités inutilement , & que chacune doit jouïr de quelques droits qui lui soient particuliers. L'on ne doute pas , qu'en qualité d'Evesque de Rome , il ne puisse disposer des Benefices qui sont dans la

la dependance de son Diocese. Il
ne reste donc qu'à examiner , s'il
peut en qualité de Patriarche d'Occident & de Chef de l'Eglise ,
pourvoir de droit à tous les Benefices ou Dignités Ecclesiastiques
de toute la Chrestienté. Si nous
suivons la preuve de fait , il est de
notorieté publique , que l'Eglise
de Rome n'a eu en cela aucun
privilege par dessus les autres E-
glises. Chacun prenoit le soin
d'establir les Ministres dont elle a-
voit besoin , sans avoir recours à
Rome ; & quand il survenoit des
difficultez , on les regloit dans des
Synodes Provinciaux. Personne
n'avoit encore escrit avant l'establissement du nouveau Droit , que
le seul Evesque de Rome en qualité de Successeur de Saint Pierre ,
avoit toute la Jurisdiction Ecclesiastique , & que les autres Evesques n'estoient que ses Vicaires ou
Delegués. Les Papes cependant

E 5

pre-

pretendent maintenant , que leur autorité à l'égard des Revenus Eccleſiaſtiques eſt fondée ſur le droit divin , & que pour n'en avoir pas jouï pendant pluſieurs ſiecles , on ne peut pas inferer de là qu'ils n'y avoïent aucun droit. Un droit divin , diſent-ils , eſtant attaché eſſentiellement à la perſonne des Papes , ne ſe peut jamais preſcrire : & c'eſt mal raiſonner que de dire , que les Papes n'ont point un droit , parce qu'ils n'en ont point jouï pendant un long-tems , & qu'ils n'en jouïſſent pas meſme encore aujourdhui dans toute ſon eſtendüe. L'on eſt obligé quelquefois de ne ſe ſervir point de ſon droit , ou d'en ceder une partie pour le bien de la paix. Les loix de la rigueur nuiſent quelquefois au repos de l'Egliſe ; & alors on ſuit les voyes de douceur proportionnées au tems. C'eſt pourquoi le (1) Pape Innocent III. affirme dans une de ſes Epiſtres , que les tranſla-

(1) *Innoc.*
III. de
tranſlat.
Epiſc. tit.
7. cap. 1.

tranflations des Evefques & autres changemens de Siege appartiennent de droit à l'Eglife de Rome, & que les Papes jouiffent de ce privilege en qualité de Succeffeurs de St. Pierre; & qu'en cette qualité ils font les maiftres de tout le Droit Canonique. De forte que felon fon raifonnement, il ne faut pas tant confiderer ce qui eft ordonné par les Canons, que ce qui eft ordonné par les Papes, defquels dependent les mefmes Canons; parce que felon fon principe, tout le Droit Canonique tire fon origine & fon autorité de la Primatie de Saint Pierre.

Le Pape Innocent, qui avance cette maxime en faveur de fon Siege, favoit neanmoins, que tout l'ancien Droit eftoit contraire à cela, & que les élections des Evêques, leurs tranflations, & leurs demiffions ou refignations fe faifoient dans les Conciles Provinci-

aux,

aux, & de plus, que les Princes ont aussi eu grande part à toutes ces choses dans leurs Royaumes. Par exemple, l'usage de l'Eglise de France estoit fort different sous la premiere Race de nos Rois, de ce pretendu droit divin dont il est fait mention dans la Compilation des Decretales : car nous voyons que les Rois convoquoient eux-mesmes les Conciles pour ces sortes d'affaires, & que (1) dans les plus grandes causes, qui estoient les depositions des Evesques, ils nommoient pour Juges les Evesques de leur Royaume qu'il leur plaisoit. En un mot, les Rois & les Evesques des lieux traitoient dans les Conciles les affaires que les Papes pretendent aujourdhui leur appartenir de droit divin. Il est vrai que sous la seconde Race de nos Rois, l'authorité des Papes fut plus grande en France ; mais elle estoit toujours limi-

(1) *Gregor. Turon. lib. 5. cap. 20. 27.*

limitée par les Princes, sans le consentement desquels ils ne pouvoient
rien faire dans les causes mesmes
qu'on appelloit majeures, & dont
le Jugement sembloit estre reservé aux Papes. A l'égard des autres affaires qui estoient de moindre importance, les Evesques en
estoient les maistres, & l'entiere
disposition des Benefices dependoit
d'eux. Les Papes n'auroient jamais songé au droit qui est maintenant establi, si les particuliers
qui disputoient entre eux touchant
la validité de leurs élections, n'a-
voient eu recours au premier
Siege pour terminer leurs differens. Nous voyons encore dans
l'onzieme siecle, des exemples
du pouvoir des Conciles Provinciaux, qui admettoient les resignations ou demissions faites par
les Evesques, & les translations
d'un Siege à un autre, sans avoir
recours pour cela aux Papes:

E 7 &

& il n'y a rien de plus nouveau, que les provisions des E-
veschés de la maniere qu'elles se
font aujourdhui par les Bulles des
Papes, qui confirment les élections
dans les lieux où elles sont encore en
vigueur, ou les nominations des
Princes qui jouïssent de ce droit.
Mais depuis que les particuliers ont
donné occasion à l'establissement du
Droit nouveau, il n'a pas esté difficile aux Canonistes de le soustenir.

Pour faire voir que le Pape est le
maistre de tous les Benefices, ils disent qu'il est le Collateur des Collateurs & l'Ordinaire des Ordinaires,
non seulement dans l'Eglise Occidentale dont il est Patriarche, mais
mesme dans tout le monde, parce
qu'il est le Patriarche des Patriar-
ches, ou le Chef de toute l'Eglise.
Ils ajoutent de plus, que l'Eglise de
Rome a fondé toutes les autres E-
glises ; & par consequent elle en
peut

peut difpofer comme Fondatrice &
Patronne.   Il eft certain que les Pa-
triarches d'Alexandrie & d'Antioche ordonnoient les Evefques qui
eftoient dans l'eftendüe de leur Pa-
triarchat, & que le Pape faifoit la
mefme chofe à l'égard des Evefques
qui font dans les Regions qu'on
nommoit Suburbicaires.   D'autre-
part, les Canoniftes monftrent par
les temoignages de St. Leon & de St.
Gregoire, & même de quelques
autres Peres, que St. Pierre a fondé les Eglifes d'Antioche, d'Alexandrie & de Rome, qui font les trois
premieres Patriarchales dont les autres ont pris leur origine.

Voilà quel eft le fondement des
Canoniftes, pour attribuer au Pape la
difpofition de toutes les Eglifes du
monde.   Ils font neanmoins obligés
d'avouer, que ce droit a efté inconnu aux Anciens, & qu'il n'eft ren-
fermé que dans le Livre des Decretales.   J'ofe mefme dire, que les
De-

Reflexi-
ons fur le
droit des
Papes.

Decretales ne contiennent qu'une
partie de ce Droit nouveau dont les
Papes ſont aujourdhui en poſſeſſion,
& que depuis la Collection des Decretales, la Cour de Rome a fait
pluſieurs decouvertes dans les matieres Beneficiales, dont je ne parlerai point ici.   Je me contenterai
de remarquer, que l'on n'eſtime à
Rome que les maximes preſentes ;
que le Decret de Gratien n'y eſt pas
eſtimé, parce qu'il ne contient pour
l'ordinaire que de vieilles couſtumes
qui ne ſont plus d'uſage ; & que l'on
n'y reçoit les Livres des Decretales,
qu'autant qu'elles s'accommodent
au tems preſent.   Le grand principe de la Cour de Rome, conſiſte
en ce qu'ils ſont perſuadés que le
Pape eſt le maiſtre des loix, qu'il
appartient à lui ſeul de faire des
Canons pour le gouvernement
de l'Egliſe, & qu'il eſt en ſon pouvoir de changer les anciens, &
d'en introduire de nouveaux, ſe-

lon

lon la necessité des tems, des lieux
& des affaires. S'il arrive que les
Princes s'opposent à l'execution de
leurs Brefs ou Bulles, ils s'accommodent facilement avec eux par des
Concordats, ou par d'autres voyes,
sans que cela fasse tort à leurs pretentions ; parce que, comme ils
disent, il y a deux sortes de droits,
savoir *jus strictum*, autrement le
droit de rigueur, lequel ne se peut pas
le plus souvent éxecuter ; & *jus re-*
missum, qui est un droit un peu relasché, qu'on peut aussi nommer
droit d'économie & de prudence,
dont l'Eglise s'est souvent servie pour
s'accommoder à l'humeur de ceux
avec qui elle avoit affaire.

Les Papes sont toujours sur ce pied-
là à l'égard des Princes, & ce qu'ils
n'ont pû obtenir dans un tems, ils es-
perent l'obtenir dans une autre occasion. C'est sur ce principe que sont
fondés tous leurs Concordats & autres accommodemens qu'ils ont fait
avec

avec plusieurs Princes. C'est pourquoi les preuves que le (1) P.
Paul tire de lanature des Concordats , pour monstrer que les
Papes n'ont point de droit un
pouvoir absolu sur les Revenus
Ecclesiastiques , ne sont pas tout-
à-fait concluantes ; parce que les
Papes pretendront que ces Concordats ne sont faits que par pro-
vision & pour un tems , jusqu'à
ce qu'ils puissent mettre en éxecution leur droit dans toute son
estendüe. Cette maxime a esté
tres-avantageuse à la Cour de
Rome , qui a obtenu dans un
tems ce qu'il estoit impossible
d'obtenir dans un autre. Elle ne
laisse pas de proposer les choses
dans les termes de la rigueur , &
selon ses pretentions ; mais elle
permet aux Princes de les mode-
rer selon les usages reçûs dans
leurs Royaumes. C'est pour cette raison , qu'on ne reçoit point

en

(1) P.
Paolo
Tratt.
delle mat.
Benef.

en France plusieurs Bulles des
Papes , & qu'on ne les regiſtre,
qu'aprés avoir éxaminé , ſi elles
ne contiennent rien qui ſoit contraire aux Libertés de l'Egliſe Gallicane. De plus , on ne les regiſtre qu'avec de certaines clauſes
& modifications , pour les rendre
conformes aux uſages du païs ; au
lieu qu'elles ſont regiſtrées à Rome dans toute leur eſttendüe &
ſans aucunes reſtrictions. Les Eſ-
pagnols font auſſi la meſme choſe; mais avec moins de bruit que
les François. Ils reçoivent avec
beaucoup de reſpect toutes les Bulles des Papes , puis ils les éxami-
nent dans leur Conſeil; & s'ils trouvent qu'il y ait des raiſons pour ne
les pas mettre en éxecution , ils
en donnent avis au Saint Pere
par une ſupplique, & ainſi les Bulles des Papes demeurent ſans effet.

Quoi que les Papes ayent fait leur
poſſi-

possible pour se rendre les maistres des revenus de toutes les Eglises du Monde , ils n'ont cependant jamais pû empescher , que les Princes ne se soient attribué de certains droits ou privileges , dont ils jouïssent encore presentement. Ces droits sont differens selon les differens païs. Je parlerai ici seulement des droits de Regale, dont nos Rois sont en possession. Plusieurs pretendent que le droit de Regale est aussi ancien que la Couronne de France : mais cela ne peut estre, si on considere ce droit de la maniere qu'il est establi aujourdhui. Car il ne comprend pas seulement la collation des Benefices qui n'ont point charge d'ames , ausquels le Roi pourvoit de plein droit pendant la vacance du Siege Episcopal ; mais outre cela, le Roi a l'administration & la jouïssance de tous les fruits des Eveschés , jusqu'à ce que le Siege soit rempli. Or il est certain,

Du droit de Regale.

tain, que sous la premiere Race de nos Rois, les biens des Eglises vacantes estoient regies par le Clergé & par l'Archidiacre, ainsi qu'il paroit du Concile d'Orleans tenu sous le Roi Childebert, & du Concile de Paris sous le Roi Clotaire II. où il est ordonné, (1) *que les biens de l'Evesque defunt seront defendus & conservés entierement par l'Archidiacre & par le Clergé ; & que ceux qui oseront y mettre la main pour les usurper, seront excommuniés.*

L'Eglise Gallicane suivit en ce tems-là ce qui avoit esté ordonné dans le Concile de Chalcedoine touchant les Economes, qui devoient prendre le soin des biens de l'Eglise aprés la mort de l'Evesque. En quelques Eglises les Archidiacres tenoient la place des Economes. Mais de quelque façon que cela s'executast, soit par le moyen des Economes, ou des Archidiacres, il sera toujours vrai de dire, que

les

(1) *Conciles d'Orleans & de Paris. Ab Archidiacono & Clero in omnibus defensentur & conserventur : quòd si quis ausu temerario in res ipsas infas ingressus fuerit, & de dominatione Ecclesiæ abstulerit, ut necator pauperum communione privetur.*

les Princes ne prenoient aucune part aux fruits des Evefchés vacans ; puis qu'une partie eftoit employée aux befoins de l'Eglife, & que l'autre partie eftoit confervée à l'Evefque qui fuccedoit. On ne peut donc pas affûrer, que le droit de Regale à cet égard ait efté en ufage fous la premiere Race de nos Rois, à moins qu'on ne veuille confondre ce droit avec celui de nomination aux Evêchés, dont les Rois de la premiere Race ont joüi. Mais par le mot de Regale, l'on entend aujourdhui toute autre chofe qu'une fimple nomination : car la Regale attribüe maintenant au Roi les fruits du fpirituel & du temporel des Evefchés vacans, jufqu'à ce qu'ils foient remplis ; ce qui eft different des anciens droits de nomination & d'inveftiture.

De plus, le mefme droit de Regale, de la maniere que nous l'expliquons ici, a auffi efté inconnu fous sous la seconde Race de nos Rois, comme il paroit d'une Lettre de Hincmar Archevesque de Rheims, escrite à Charles le Chauve. Car cet Archevesque donne pour regle le Canon du Concile de Chalcedoine, pendant la vacance du Siege Episcopal: *Ut post mortem Episcopi reditus Ecclesiæ viduatæ futuro Episcopo penes Oeconomum ejusdem Ecclesiæ integræ conservari jubeantur.* Et dans un (1) Synode tenu sous le mesme Empereur, il fut arresté conformément à ce qui avoit esté ordonné dans le Concile de Chalcedoine, qu'aprés le decés de l'Evêque, les biens seroient conservés au Successeur par l'Econome de l'Eglise. Il est vrai que le Roi Charles le Chauve en usa autrement, aprés que Ebbo Archevesque de Rheims eust esté deposé de son Siege: car pendant la vacance du Siege, qui dura plusieurs années, ce Prince se saisit des biens de l'Eglise, & en

donna

(1) *Ann.* 876. *Synod. Pontigon.*

donna mesme une partie en fief. Mais cet exemple n'est point contraire à l'usage de ce tems-là, puis que le Roi promit dans le (1) Synode de Beauvais à Hincmar & aux autres Evesques, de restituer à l'Eglise de Rheims tout le bien qu'il avoit pris : outre que ce fait est singulier, & que le Roi ne saisit les biens de cette Eglise, que pour punir davantage l'Archevesque Ebbo, qui avoit esté deposé. On ne peut pas aussi prouver le droit de Regale par le mauvais usage que Charles Martel fit des biens de l'Eglise, lequel les donna en fief aux Laïques. Car les Capitulaires de Charlemagne, de Louïs & de Charles le Chauve condamnent cette dissipation des biens de l'Eglise, & l'attribüent à la necessité du tems, qui obligeoit en quelque façon les Princes de donner à leurs Sujets les biens Ecclesiastiques, pour les retenir à leur service.

(1) *Ann.* 845.

En-

Enfin ce mesme droit de Regale, de la façon que nous le prenons, n'étoit pas encore establi au commencement de la troisieme Race, ainsi qu'il paroit d'une Lettre de Gerbert Archevesque de Rheims, où il recommande au Clergé & au peuple auxquels il adresse sa Lettre, d'avoir soin que les biens de l'Evesque defunt soient conservés à l'Evesque qui doit succeder : *Sit vestra pervigil cura, ut secundùm divinas & humanas leges, res defuncti Episcopi, tam mobiles quàm immobiles, futuro reserventur Episcopo.* Regale sous la troisiéme Race.

On ne doit pas de plus confondre le droit d'investiture avec le droit de Regale, comme quelques Auteurs ont fait. Car on ne trouvera point dans l'Histoire, ni dans aucun Acte, que les Empereurs & les Rois qui ont joüi des investitures à l'égard des Eveschés & dés Abbayes, ayent eu pour cela la joüissance des biens de ces Eglises pendant la vacance du Regale differente de l'Investiture.

 Sie-

Siege : mais on s'adreſſoit ſeulement à eux pour proceder à une
nouvelle élection , qui ne ſe faiſoit
que de leur conſentement ; puis ils
donnoient aux Eveſchés & aux Monaſteres , l'inveſtiture des terres
ou Fiefs qui leur avoient eſté
laiſſés ; & cela , de la maniere
que nous l'avons expliqué ci-deſ-
ſus.

Avant que les Papes euſſent diſ-
puté aux Princes le droit d'inveſtiture , pour ſe rendre eux-meſmes les
maiſtres des élections , l'inveſtiture
ne contenoit rien de ſpiritüel , mais
ſeulement des droits temporels , à
cauſe des terres & Fiefs dont les
Eveſchés & les Monaſteres eſtoient
reveſtus. La conſecration , en quoi
conſiſtoit le ſpiritüel , ſe faiſoit avec
liberté par les Evêques. Si les Papes n'euſſent pas eu deſſein d'oſter
aux Princes le droit qu'ils avoient
dans les élections , ils ne ſe fuſſent
jamais aviſés de mettre l'inveſtiture

au

au nombre des choses spiritüelles.
Il n'y a rien de plus mal-fondé, que
cette distinction d'investiture qui est
rapportée dans l'accord qui fut fait
entre le Pape Calixte II. & l'Empereur Henri IV. Le Pape accorde à
Henri, que toutes les élections des
Evesques & des Abbés se fassent en
sa presence, afin d'empescher les
desordres; & que ceux qui seront é-
lûs, reçoivent de lui Empereur les
Regales par le sceptre. L'Empereur Henri s'oblige en mesme tems,
de ne point faire d'investitures par
l'anneau & le baston, & permet la
liberté des élections. Mais cette
distinction d'investitures faites par le
baston pastoral & par le sceptre,
comme si la premiere estoit une
chose spirituelle, & que la seconde
ne fust purement que temporelle,
est sans aucun fondement. Les investitures se faisoient simplement par
le baston & l'anneau, soit qu'on appellast ce baston, royal ou pastoral.

F 2   La

La simonie ne consistoit pas dans la forme de l'investiture , mais en ce que quelques Empereurs n'accorderent cette investiture , qu'à ceux qui leur donnoient de l'argent ; & comme elle estoit toujours précedée de l'élection , l'on pouvoit dire que l'élection estoit simoniaque.   Il falloit corriger cet abus , & laisser les choses dans le mesme estat qu'elles étoient auparavant.

Cependant il y a bien de l'apparence , que l'accord entre le Pape Calixte & l'Empereur Henri est la veritable origine de la Regale : car il est parlé de Regale , ou droits royaux, (2) dans ces deux Actes: *Electus autem Regalia per sceptrum à te recipiat* , ainsi qu'il est porté dans la Declaration du Pape à l'Empereur. Ce mot *Regalia* comprenoit les Fiefs que les Princes avoient donnés aux Eglises ; puis il fut estendu à tous les biens qui estoient possedés par les mesmes Eglises.   Or selon les loix

des

Regale accordée par le Pape.

(1) *Ann.* 1122.

des Empereurs Allemans, il estoit
de la nature des Fiefs, que ceux qui
les possedoient, devenoient les Vassaux des Empereurs de qui ils les tenoient, & estoient obligés de leur
prester serment de fidelité. De
plus, apres la mort du Vassal, l'Empereur jouïssoit de ses revenus, jusqu'à ce que le Successeur eust esté
investi des mesmes Fiefs, & qu'il eust
presté foi & hommage. Cette loi s'é-
tendit aux Ecclesiastiques, parce
que leurs Eglises jouïssoient de plusieurs Fiefs : & nous voyons encore
aujourdhui en France, que la Regale commence aussi-tost que le Siege est vacant, & qu'elle ne finit
qu'aprés que le nouvel Evesque a
presté serment de fidelité au Roi, &
qu'il a obtenu main levée à la Chambre des Comptes. Louïs le Jeune
est le premier de nos Rois (1) qui
ait fait mention de ce droit de Regale : car parlant de l'Evesché de Paris, il se sert de ces termes : *Episcopa-*

Explica-
tion plus
particu-
liere de
la Rega-
le.

(1) *An.*
1161.

tus

tus & Regale in manum nostram ve-
(1) *Ann.* *nit.* Il en est aussi parlé (1) dans
1190. le Testament de Philippe Auguste,
où ce Prince dit : *Nos verò, tam*
Canonicos quàm Monachos mone-
mus, ut talem Pastorem eligant, qui
Deo placeat & utilior sit Regno. Re-
gina antem & Archiepiscopus tan-
diu Regalia in manu sua teneant, do-
nec electus consecratus sit, vel bene-
dictus ; & tunc Regalia sine contra-
dictione ei reddantur.

Nous apprenons des Historiens
d'Angleterre, que le mesme droit
de Regale a esté aussi establi en ce
Royaume en mesme tems qu'en
France, & qu'il y causa beaucoup
de troubles. Il passa mesme dans
les Eglises d'Irlande ; & il paroit
d'une Epistre du Pape Innocent III.
adressée à un Cardinal Legat en ce
païs-là, que l'usage de la Regale é-
toit dans l'Eglise d'Armach ; & le
Pape se sert dans son Epistre, du
terme *Regalia.* Il parle mesme de
ce

ce droit, comme d'un droit reçû &
autorisé par la coustume : & pour
empescher que les Princes ne pûssent jouïr si long-tems du revenu des
Eglises, il abrege le tems de la vacance du Siege, en ordonnant que
les Metropolitains éloignés de Rome, entreront dans l'administration de leurs Eglises, avant que d'en
avoir obtenu leur confirmation :
Quia, dit ce Pape, *si tanto tempore quò usque posset electus confirmationem cum pallio à Sede Apostolica
obtinere, Regalia non reciperet ; Ecclesia quæ interim administratione
careret, non modicum incurreret detrimentum.*

Plusieurs autres Papes ont aussi
appuyé par leurs Bulles, le mesme
droit de Regale dont les Rois de
France jouïssoient. Mais l'Empereur Frederic II. (1) fit une Constitution contre les Regales, comme si elles eussent esté contraires aux
immunités de l'Eglise, & (2) con-

(1) Ann.
1215.

(2) Ann.
1219.

F 4   firma

firma sa premiere Constitution par
une seconde qu'il adressa au Pape
Honorius III. Ces Constitutions sont
rapportées par Goldast en ces termes : *Dimittimus & refutamus abu-*
sum, quem in occupandis decedentium
Prælatorum, aut etiam Ecclesiarum
vacantium, nostri consueverunt An-
tecessores committere. Ce Prince re-
met au Pape & aux autres Evêques le
droit qu'on nommoit Regales, comme un droit spiritüel qui n'appartenoit point aux Empereurs. (1) Mr.
de Marca rapporte aussi plusieurs au-
torités des Papes & des Conciles,
pour monstrer que les revenus des E-
glises vacantes n'appartenoient point
aux Princes dans l'Eglise Gallicane,
& qu'on y devoit garder, aussi-bien
que dans les autres Eglises, les decrets
du Concile de Chalcedoine, qui or-
donne que les biens seront conservés
aux Successeurs. La plus-part de ces
preuves se trouvent dans le Decret de
Gratien. Et l'on voit par là, que cet

(1) *Lib.*
8. de
Concord.
cap. 18.

abus

abus est tres-ancien, & long-tems a-
vant que la Regale fût establie & to-
lerée par les Papes. C'est pourquoi les
Conciles defendirent aux Princes &
aux autres Laïques de se rendre les
maistres des biens des Ecclesiastiques
aprés leur mort. Cette méchante
coustume de se saisir des biens des E-
vesques, si-tost qu'ils estoient morts,
s'estoit repandüe dans toute l'Eglise :
car nous lisons qu'elle n'estoit pas
moins en usage dans l'Orient que dans
l'Occident. (1) L'Empereur Manüel
Comnene defendit a ses Magistrats,
de se saisir pour le profit du Fisc des
biens immeubles des Eglises vacantes.

(2) Raymond Comte de Barce-
lonne fit aussi la mesme defense à ses
Officiers : & pour empescher que les
biens des Eglises vacantes ne fussent
dissipés, il voulut en estre lui-mesme
le conservateur par une Declaration
authentique, qu'il fit en forme de
privilege accordé à l'Eglise de Barce-
lonne ; & ce privilege s'étend à tous

les biens de l'Evefché, pendant même la vie des Evefques ; & il paffa
en fuite à toutes les autres Eglifes de
la Province de Tarragone.   Les
mefmes privileges furent auffi accordés à l'Eglife de Narbonne: mais nonobftant cela, les Laïques continue-
rent toujours de fe faifir du bien des
Evêques aprés leur mort, & ils le
retenoient fous pretexte de le vouloir conferver, & d'empefcher qu'il
ne fuft diffipé.   Cependant les Papes qui fe font fortement oppofés à
cette ufurpation des Laiques, femblent avoir en mefme tems approuvé
le droit de Regale, dont les Rois de
France jouiffoient à l'égard de plufieurs Evefchés de leur Royaume.

(1) *Ann.* (1) Le Pape Gregoire IX. dans une
1258. de fes Epiftres adreffées à l'Arche-
vefque de Narbonne & aux Evefques
de Magalone & d'Elne, fe plaint de
ce que les Senefchaux & Baillifs du
Roi de France dans la Province de
Narbonne, fe faififfoient contre tout

droit

droit & raison des biens des Evêques pendant la vacance du Siege : puis il ajoute , (1) que les
Predecesseurs du Roi ne l'ont jamais
fait sous pretexte de la Regale, ou
d'aucun autre droit.

Les Papes, comme il paroit de l'E-
pître de Gregoire I X. ne condamnoient point d'injustice & d'usurpation le droit de Régale que les Rois
de France avoient dans plusieurs
Eglises de leur Royaume ; & l'Histoire de la vie de Saint Louis
nous apprend, que St. Louis ne fit
aucune difficulté , à l'exemple de
ses Predecesseurs , d'en user dans
les lieux où la coustume l'avoit
autorisée. C'est pourquoi les Rois
de France (2) n'ont estendu ce
droit, qu'aux Eglises où il estoit déja
establi. Les Parlemens jugeoient autrefois de toutes les matieres de la
Regale par la seule possession ; & ce
qui est assés surprenant , c'est que sur
une difficulté qui (3) fut agitée dans
le:

(1) Quod nullo tempore à Prædecessoribus ipsius Regis , vel aliis , occasione Regalium vel aliâ extitit attentatum.

Restriction de la Regale.

(2) Tantum præscriptum, quantum possessum.

(3) Anno 1258.

le Parlement de Paris touchant la Regale de l'Evesché du Puy, l'on ne donna au Roi qu'une portion de la Regale de cette Eglise, parce qu'a-près avoir examiné toutes les raisons de part & d'autre, on trouva que le Roi n'avoit joüi que d'une partie de la Regale pendant les autres vacances du Siege : & parce qu'il estoit évident que le Roi n'avoit point joüi des Forteresses de la ville & de plusieurs Chasteaux, il fut ordonné que l'Eglise du Puy ne seroit point inquietée sur ces chefs & sur plusieurs autres, que le Roi ne s'attribüoit point en vertu de la Regale, puis qu'il n'en estoit point en possession. Quand il s'agit d'imposer des charges sur qui que ce soit, il faut estre fondé en bons titres, ou en une longue possession. Le Roi donc, qui ne crût pas pouvoir prendre par droit de Regale les Forteresses & Châteaux de cette ville, (1) fit une Declaration, par laquelle *il se reserve de prendre*

prendre en sa main les dites Forteresses & Chasteaux par droit de superiorité, lors que le bien de son service le requerra.

Les Parlemens suivirent la mesme regle pour juger la matiere de la Regale sous le Roi Philippe III. Fils de St. Loüis: car l'on trouve dans un Registre ancien de la Cour du Parlement, (1) cet Arrest contre les pretentions des Gens du Roi sur l'Eglise d'Albi à l'occasion du droit de Regale: *Reddita per Dominum Regem Procuratoribus Capituli Albiensis Regalia Ecclesiæ Albiensis, quæ mortuo Episcopo Albiensi, Senescallus Carcassonensis ad manum Domini Regis ceperat & saisinaverat sine causa, cum Dominus Rex super hoc aliàs nunquam usus fuisset, prout ex aliorum ac ipsius relatione fuit inventum.* Il n'y avoit donc en ce tems-là rien de reglé pour le droit de la Regale, mais on suivoit éxactement la coustume & l'usage reçû; de sorte qu'il y avoit des Eglises

Usage des Parlemens.

(1) *Ann.* 1272.

F 7   tout-

tout-à-fait exemptes de la Regale, & d'autres n'estoient sujettes qu'à une partie de la Regale. Dans les commencemens le droit de Regale ne comprenoit que les Fiefs dependans des Princes, & il fut estendu en suite aux revenus qui provenoient des dîmes, & mesme à la collation des Benefices dependans des Eglises. Les Eglises qui conserverent l'ancien droit de Regale, ne furent point soumises à ce droit pour les revenus des dîmes & pour la collation des Benefices: ce qui fut cause que les Parlemens n'ajugerent au Roi en quelques Eglises, que la Regale pour les revenus qui provenoient des fonds & autres biens temporels des Eglises, & laissoient aux Eglises les revenus provenans des Autels, des dîmes & des offrandes, & quelquefois la collation des Benefices.

Cet usage du droit de Regale (1) fut confirmé dans le Concile de Lyon à l'instance du Roi Philippe III.
en

(1) *Ann.* 1274.

Regale autorisée par un Concile general.

en presence de ses Ambassadeurs.
Mais le Concile ne confirma l'usage
de la Regale que pour les lieux où il
estoit déja introduit, & defendit de
l'introduire en d'autres lieux. (1)
Mr. de Marca, qui rapporte le decret
de ce Concile, remarque que le terme *Regalia* y est pris d'une manière
nouvelle, pour la garde & l'usu-fruit
de tous les fruits & revenus pendant la vacance du Siege; & de plus
il ajoute, que sous le nom de fruits
sont compris les collations des Benefices, à cause de la Constitution
d'Alexandre III. qui estoit avant ce
Concile, dans laquelle il est dit,
que les collations des Benefices doivent estre mises parmi les fruits.
Mais il me semble, que l'intention
du Pape Gregoire X. dans ce Concile, a esté d'empêcher qu'à l'avenir les Laïques, de quelque qualité
qu'ils fussent, n'usurpassent les biens
des Eglises pendant la vacance du
Siege, sous quelque pretexte que ce
fust,

(1) *Petr. de Marc. lib. 8. de Concor. cap. 24.*

fuſt, ſous le nom de Regale, ou de garde, ou de protection ; parce qu'en effet, ceux qui ſaiſiſſoient les revenus des Egliſes aprés la mort des Eveſques, ne manquoient pas de raiſons pour cela, & alleguoient le pretexte de protection, ou de garde. Le Concile comprend le droit de Regale, dont pluſieurs Princes jouïſſoient, avec les autres droits, ſous lesquels pluſieurs Seigneurs ſe mettoient à couvert, pour avoir la liberté de prendre les revenus des Egliſes pendant la vacance du Siege.   Mais comme les maximes du Droit Canon ſont la plus-part tirées du Droit Civil, le Pape Gregoire jugea à propos de (1) laiſſer ces droits à ceux qui en étoient déja en poſſeſſion, ſans vouloir approfondir ſi ces droits eſtoient juſtes, ou non ; parce qu'il eût eſté difficile d'en venir à bout, à cauſe de la longue poſſeſſion où la plus-part des Princes eſtoient, laquelle ſert d'un titre ſuffiſant dans les affaires civiles.

A

(1) Tantum præſcriptum, quantum poſſeſſum.

A l'égard de la collation des Benefices, je ne croi pas que le Concile les ait voulu comprendre sous le nom des fruits & revénus, comme l'assûre Mr. de Marca. Il est vrai que c'est une maxime reçûë & autorisée par l'usage depuis l'introduction du Droit nouveau, que (1) les collations sont au nombre des fruits : mais le terme de collation se prend alors dans un sens moins rigoureux, savoir pour la presentation ou nomination aux Benefices, qui est accordée aux Patrons ; au lieu que les Rois de France jouïssent par le droit de Regale d'une veritable collation des Benefices, que les Canonistes assûrent estre quelque chose de spirituel. Car les Rois de France ne pourvoient pas simplement aux Benefices à la maniere des Patrons ; mais ils conferent de plein droit en vertu de la Regale, & de la mesme maniere que les Evesques.

La

(2) *Collationes sunt in fructibus.*

Droit de collation attribué aux Rois par la Regale.

La Regale attribüe mesme plus de
droit au Roi de France à l'égard du
spiritüel, que les Evesques n'en ont:
car c'est une maxime des Canonistes, qu'il n'y a que le Pape qui puisse
recevoir les resignations *in favorem*;
& la raison qu'ils en apportent, est
parce que la resignation faite en faveur d'un autre, est une espece de
simonie, & que le Pape seul qui est
maistre des Loix Ecclesiastiques, en
peut dispenser: *Solus Papa*, disent-
ils, *purgat à simonia :* mais ils doivent ajouter, *& Rex Francorum*;
car le. Roi de France reçoit les
resignations qu'on appelle *in favorem.*

Il y a une infinité d'autres droits
dont jouissent les Rois de France en
vertu de la Regale, & qui sont sin-
guliers à ce droit. Les Jurisconsultes & les Canonistes François ont de
la peine à expliquer l'origine de ces
droits, qu'ils supposent selon les regles ordinaires du Droit Canon, ê-
tre

tre spirituels, & ne pouvoir par consequent appartenir aux personnes
Laïques, si ce n'est par un privilege
special qui ait esté accordé aux Rois
de France par les Papes : mais comme il ne paroit aucun privilege des
Papes sur ce sujet, & que les Rois
de France d'autre part ne pretendent point tenir ce droit des Papes
par voye de privilege, cela augmen-
te encore la difficulté.   Le Pape
Boniface VIII. dans le different *Bonif.*
qu'il eut avec le Roi Philippe le Bel, *VIII.*
ne manqua pas d'escrire à ce Prince,
qu'il tenoit pour Heretiques ceux qui
pretendoient que la collation des Benefices, qu'il disoit estre un droit
spirituel, pouvoit appartenir aux
Laïques.   Jean de Paris, qui es- *Joan.*
crivit en ce tems-là sur cette ma- *Parif.*
tiere, affirme qu'il faut mettre de la
difference entre les Princes & les
Sujets, en ce que ces derniers, comme inferieurs aux autres en connoissance & en discernement des per-
son-

fonnes qui font propres pour les Benefices, ne peuvent que prefenter ; au lieu que les Princes peuvent conferer, parce (1) qu'ils ont en eux-mefmes une pleine & entiere connoiſſance. Mais cette raifon n'eft pas concluante quant au fait prefent, où il s'agit du fpirituel, & non du temporel.

On peut neanmoins refoudre facilement cette difficulté, fi l'on fuppofe que le droit de conferer, qui appartient aux Evefques, n'eft point proprement fpirituel ; & partant que les Laïques qui en jouïſſent par une longue couftume, n'en peuvent être exclus. On remarquera donc, que felon les regles du Droit ancien, la collation d'un Benefice eftoit entierement fpirituelle, parce qu'il n'y avoit point alors d'autre collation que l'ordination, qui ne peut eftre donnée que par l'Evefque. Mais depuis que l'on a diftingué l'ordination d'avec l'emploi Ecclefiaftique, l'on a in-

inventé plusieurs termes nouveaux,
& entre autres celui de collation ou
institution , & l'on a attribué à l'Evesque seul le droit de conferer ; de sorte
que les Patrons Laïques peuvent
nommer ou presenter aux Benefices ,
pourveu que ceux qui auront esté
pourveus par eux, prennent des Evesques la collation ou institution , laquelle seule donne droit de faire les
fonctions spirituelles.   Cependant
nous voyons en France plusieurs
Laïques , principalement en Normandie , qui conferent de plein droit
les Benefices , aussi bien que le Roi.
Il y a même des Abbesses , comme
celle de Montivillers dans le païs de
Caux , qui conferent des Cures de
plein droit , sans qu'il soit besoin de
recourir à l'Ordinaire pour avoir la
collation ou institution. Je sai qu'on dira à cela, que les Laïques qui jouïssent
de ce droit , sont fondés sur des privileges que le Pape leur a accordés :
mais quoi qu'il en soit , il est certain

que

que si ce droit estoit necessairement attaché à la qualité d'Evesque , le Pape ne pourroit pas l'accorder aux Laïques par un privilége , comme il ne peut pas leur accorder le droit d'ordonner , en quoi consiste veritablement le spirituel. C'est pourquoi cette collation qui a succedé à l'ordination , n'a pas la mesme spiritualité que l'ordination ; mais on l'a crû seulement necessaire , pour empescher que les Benefices ne fussent remplis de personnes incapables. Le droit de conferer les Benefices ne prive pas les Evesques du droit qu'ils ont de juger de la capacité de ceux qui ont reçû des Laïques l'institution ou collation : car outre cette premiere institution qu'on nomme *institution collative*, il y a une autre sorte d'institution qu'on appelle *institutio autorisabilis*, & qui donne le pouvoir aux Evesques d'examiner la capacité de ceux à qui les Laïques ont conferé des Bene-

Benefices, afin d'autoriser leur collation. Il n'y a donc pas de si grandes difficultés que l'on s'imagine ordinairement, à concevoir le droit de conferer les Benefices, dont les Rois de France jouïssent en vertu de la Regale. Ce que l'on appelle spiritualité dans les matieres Beneficiales depuis l'introduction du Droit nouveau, est bien different de ce qui est veritablement spirituel selon le Droit ancien, & c'est à quoi les Canonistes ne pensent pas assez. Neanmoins le mesme Jean de Paris, dont nous avons parlé ci-dessus, remarque tres-bien, que le droit de conferer n'est pas proprement spiritüel, mais qu'il est seulement attaché au spiritüel. Retournons maintenant à l'Histoire de la Regale, & voyons de quelle maniere elle fut establie en France aprés le decret du Concile de Lyon.

(1) Le Roi Philippe le Bel fit une

(1) *En* 1302.

une Ordonnance pour autoriſer la Regale, aprés qu'elle eut eſté confirmée par le Pape Gregoire dans le Concile de Lyon : mais il ne l'eſtendit qu'aux Egliſes où la coûtume l'avoit introduite.   Ce ſont les termes de ſon Ordonnance : *Regalias quas nos & noſtri Prædeceſſores percipere aſſuevimus & habere in aliquibus Eccleſiis regni noſtri.*   Ce Prince conforma ſon Ordonnance au decret du Concile, & voulut qu'on conſervaſt les biens des Egliſes, & qu'on perçuſt ſeulement à titre de fruits les revenus ordinaires. (1) L'Ordonnance de Philippe de Valois reſtreint auſſi la Regale à la couſtume, & aux Egliſes du Royaume où ce droit étoit etabli. Louïs XII. (2) fit une ſemblable Ordonnance, & defendit de plus à ſes Officiers, d'inquieter les Egliſes *où il n'avoit droit de Regale, ou de garde.*   C'eſt pourquoi Mr. de Marca remarque aprés Ruzée, Paſquier & pluſieurs autres Juriſconſultes

Regale ſous Philippe le Bel.

Sous Philippe de Valois. (1) *En* 1334.

Sous Louïs XII. (2) *En* 1499.

fultes François qui ont efcrit touchant la Regale, que ce droit n'eft
point dans toutes les Eglifes du Royaume, & que dans celles où il eft é-
tabli, il n'y eft pas de la même maniere. Il avouë cependant, que plufieurs ont pretendu que la Regale é-
toit un droit purement Royal, &
que pour cette raifon il devoit s'é-
tendre à toutes les Eglifes du Royaume; mais que Pasquier Avocat du
Roi à la Chambre des Comptes,
qui eftoit favant dans cette matiere, nomme ces gens-là *Flatteurs de
Cour*.

Il eft conftant, que nonobftant
tous les procés qui ont efté fur cette
matiere dans les Parlemens, les
Rois de France ont toujours conti-
nué de ne s'attribuer la Regale qu'en
certaines Eglifes; & nous avons encore (1) un Edit de Henri IV. où
il declare *Qu'il n'entend jouïr de la
Regale, finon en la forme que lui &
fes Predeceffeurs ont fait, fans l'eften-*

(1) *En* 1606, Sous Henri IV.

G *dre*

dre davantage au prejudice des Eglises qui en sont exemptes.* Le feu Roi
(1) fit aussi une Ordonnance, par laquelle il declaroit, qu'il vouloit joüir
du droit de Regale, ainsi que par le
passé : & comme ces termes estoient
ambigus, Messieurs du Clergé firent
leur remonstrance pour en avoir
l'explication. Monsieur de Maril-
lac Garde des Sceaux, & les autres
Commissaires du Roi qui avoient
dressé cette Ordonnance, respondi-
rent, *que le Roi declaroit ne vouloir*
joüir de la Regale és lieux où il n'en
avoit point joüi par le passé. Voilà
en abregé l'histoire de la Regale en
France. Mais l'on n'a plus maintenant égard à tout cela : aussi ne l'ai-
je rapporté qu'en qualité d'Histo-
rien, & pour servir d'instruction.
Le Roi a compris (2) depuis peu
par une Declaration qui est registrée
dans les Parlemens, que toutes les
Eglises de son Royaume seroient à l'a-
venir sujettes à la Regale, à la reserve

(1) *En* 1629. Sous Louis XIII.

(2) *En* 1673. Regale presente-ment dans toutes les Eglises.

ve de quatre qui en sont exemptes à
titre onereux.   Ainsi il n'est plus besoin de consulter la Chambre des
Comptes, où les comptes des Regales se rendoient, pour savoir comme l'on faisoit autrefois, quelles E-
glises estoient sujettes à la Regale; &
cette Declaration empesche une infinité de procez.   Sans qu'il soit besoin d'examiner, si le droit de Regale
est un droit Domanial, & par consequent inalienable, on ne peut nier
que le Souverain qui accorde un privilege, ne le puisse revoquer, & partant le Roi a pû casser les privileges
& exemptions du droit de Regale,
que les Rois ses Predecesseurs a-
voient accordés à quelques Eglises
du Royaume. Les Parlemens a-
voient déja cassé la plus-grande partie de ces privileges, dont quèlques-
uns estoient mal-fondés. Je ne
rapporterai point ici le catalogue
des Eglises du Royaume qui pretendent n'estre point sujettes à la Rega-

le, parce que cela seroit inutile & hors de saison. Ceux qui voudront s'en instruire plus à fond, n'ont qu'à consulter les Livres de Ruzée, de Probus, du President le Maistre, de Pasquier, de Chopin & de plusieurs autres Jurisconsultes François qui ont traité cette matiere.

Je ne parlerai point des droits que les autres Princes ont de pourvoir aux Benefices de leurs Royaumes : car outre que la plus-part de ces droits leur sont attribués en qualité de Patrons, ou qu'ils sont fondés sur des privileges ou Indults accordés par les Papes, & quelquefois sur des Concordats entre eux & la Cour de Rome ; outre, dis-je, toutes ces choses, mon dessein est de m'appliquer plus particulierement aux droits dont la France est en possession, qu'aux usages des autres Royaumes. Je ne puis cependant passer sous silence le droit dont les Rois d'Espagne jouïssent dans la Sicile,

&

& qu'on nomme ordinairement *la Monarchie de Sicile*, parce que ce droit est le plus grand droit spirituel que les Princes se soient jamais attribué. Il surpasse mesme celui que Hnri VIII. Roi d'Angleterre osa prendre, quand il se separa de l'Eglise Romaine. Le Roi d'Espagne pretend en qualité de Roi de Sicile, être Legat *à latere* & Legat né du St. Siege; de sorte que lui, ou ses Vice-Rois en son absence, ont le mesme pouvoir sur les Siciliens pour le spirituel, qu'auroit un Legat *à latere*. C'est pourquoi ceux qui exercent cette Jurisdiction en Sicile pour le Roi d'Espagne, ont droit d'absoudre, de punir & d'excommunier toutes sortes de personnes soit Laïques ou Ecclesiastiques, Moines, Prestres, Abbés, Evesques, & mesme les Cardinaux qui resident dans le Royaume. Ils ne reconnoissent point l'autorité du Pape, estant Souverains & Monarques pour le spi-

Monar-
chie de
Sicile.

G 3

rituel.

rituel.   Ils avoüent que le Pape leur
a autrefois donné ce privilege ; mais
ils pretendent en mesme tems, qu'il
n'est point en son pouvoir de le revoquer : & ainsi ils ne reconnoissent
point le Pape pour Chef, au Tribu-
nal duquel on ne peut appeller,
puis que leur Roi n'a point de superieur pour le spirituel.   De plus, ce
droit de superiorité n'est pas conside-
ré comme delegué , mais comme
propre ; & le Roi de Sicile , ou ceux
qui tiennent cette Jurisdiction en sa
place, & qui sont des personnes Laïques , prennent la qualité de *beatis-*
simo & santissimo Padre , s'attribüant en effet à l'égard de la Sicile,
les mesmes privileges que le Pape
s'attribüe à l'égard de toute l'Eglise ;
& ils president aux Conciles Provinciaux.

On s'est estonné de voir en nostre
siecle , que la Reine Elisabeth prist
la qualité de Chef de l'Eglise Anglicane : mais comme le Royaume de
Sicile

Sicile tombe en quenouille , aussi
bien que celui d'Angleterre , une
Princesse pourra prendre la qualité
de Chef de l'Eglise de Sicile , & de
beatissimo & santissimo Padre. Cela est mesme dêja arrivé du tems de
Jeanne d'Arragon & de Castille ,
mere de l'Empereur Charles V. Les
Siciliens appuyent ce droit de Sou-
veraineté pour le spirituel , sur une
Bulle du Pape Urbain II. accordée
à Roger & à ses Successeurs , où ces
paroles se trouvent : *Quæ per Lega-*
tum acturi sumus per vestram indu-
striam , Legati vice cohiberi volu-
mus. Le Cardinal Baronius , qui
(1) refute dans ses Annales cette
prétendüe Monarchie spirituelle , a
crû que cette Bulle a esté donnée par
l'Antipape Anaclet , & qu'elle n'a
pas esté rapportée fidelement. Mais
il y a beaucoup plus d'apparence
qu'elle est fausse , & qu'elle a esté
forgée pendant les tems que la Sicile
n'eut aucune communication avec

(1) Tome
II. en
1097.

G 4

l'E-

l'Eglise de Rome, dont elle s'estoit se-
parée, refusant de reconnoistre le St.
Siege tant pour le spirituel que pour
le temporel. Il fut alors facile aux
Officiers Royaux de supposer cette
Bulle, & de la mettre en execution ;
car la Sicile demeura dans l'interdit
90. ans, depuis l'an 1282. jusqu'à la
seconde année du Pontificat de Gregoire II. qui leva l'interdit. Pendant ce tems-là Martin Roi d'Arragon fit de grandes entreprises sur la
Jurisdiction Ecclesiastique, & ordonna même que les Evesques ne
pourroient excommunier personne
sans sa permission, ou celle de son
Vice-Roi. Mais la Sicile estant en
possession de cette Monarchie spirituelle, les Rois d'Espagne, qui
prennent la qualité de Rois Catholi-
ques, l'ont plutost augmentée que
diminuée. Charles V. fit faire des
recherches exactes pour trouver de-
quoi justifier cette pretendüe Monarchie ; mais on ne la trouva que
dans

dans le Livre des Pandectes, qui fut imprimé en 1526. & confirmé par Charles V. le 7. Decembre de la mesme année. Puis l'on publia en 1556. un Livre nommé la *Monarchie*, où les droits de cette Jurisdiction sont contenus. Et pour rendre le Livre plus authentique, il fut signé par tous ceux qui estoient du Sacré College, c'est-à-dire, par le Conseil du Royaume. L'on en conserve une copie dans la Chancellerie Royale de Sicile, & une autre copie fut envoyée au Roi.

La Bulle d'Urbain II. qui est le principal fondement de la Monarchie Sicilienne, est rapportée au long par Fazelle en son (1) Histoire de Sicile imprimée à Palerme en 1558. Mais les Historiens qui l'ont précedé n'en ont point fait mention; & il y a bien de l'apparence, que Fazelle l'aura prise de Jean Lucas Barberius Sicilien, qui composa vers l'an 1513. en faveur du Roi Ferdinand,

(1) *Decad. 2. lib. 7. cap. 1.*

nand, un volume de tous les privileges & titres du Royaume de Sicile,
qu'il nomma *Caput Brevium* : & il
regiftra dans ce volume la Bulle
d'Urbain II. dont nous avons parlé ci-deffus, comme fi l'original euft
efté dans la Chancellerie. L'on ne
fauroit s'imaginer, combien le mot
de Monarchie a déplû à la Cour de
Rome : (1) *Nomen hactenus in-
auditum*, dit le Cardinal Baronius,
*tunc proclamatur infauftum, ad-
fcribitur chartis & memoriæ perpe-
tuæ confecratur, jam regiis cufum ty-
pis, & imperatorio promulgatum
Edicto* : & il ajoute, que les Rois
d'Efpagne prennent en qualité de
Rois de Sicile, un titre que les Ty-
rans & les plus grands ennemis de
l'Eglife Romaine n'ont jamais ofé
prendre : (2) *Quòd nunquam à piis
Regibus, nec à Tyrannis ipfis Romanæ
Ecclefiæ perduellibus, neque ipfis a-
cerbiffimis Romanæ Ecclefiæ perfecu-
toribus Friderico, filio atque nepo-
tibus*

(1) *Ba-*
ron. ann.
1097.
n. 28.

(2) *Ibid.*
n. 30.

tibus ejusmodi Monarchiæ nomen expugnatum ullatenus reperitur. Enfin ce Cardinal pretend, que c'est renverser les loix divines, que d'attribüer à la Sicile une Monarchie spirituelle, & qu'il n'y a que l'Eglise de Rome à qui nostre Seigneur ait donné ce titre. Mais les Rois d'Espagne ont mesprisé toutes les plaintes de la Cour de Rome sur ce sujet, & continuent toujours de joüir des droits de leur Monarchie spirituelle dans la Sicile, où l'on ne reconnoit point d'autre Pape que le Roi, ou ceux qu'il commet en sa place. Ainsi l'on peut dire, qu'il y a deux Papes & deux Sacrés Colleges dans l'Eglise, savoir le Pape de Rome & le Pape de Sicile, auxquels on peut encore ajouter le Pape d'Angleterre; car le Roi d'Angleterre pretend aussi estre le Pape de l'Eglise Anglicane.

Nous avons fait voir jusqu'à present l'origine & le progrés des biens Ecclesiastiques, de quelle maniere

ils

ils ont esté administres, & comment
ils sont entrés dans les Chapitres &
dans les Monasteres : nous avons de
plus parlé du pouvoir des Evesques
& des Princes, & en suite de celui
des Papes sur ces sortes de biens. Il
seroit maintenant necessaire de monstrer plus particulierement, par
quelles voyes les Papes se sont rendus
presque les maistres absolus des biens
de l'Eglise, & de marquer les démeslés qu'ils ont eus avec les Princes
sur ce sujet : mais comme le P. Paul
a traité cela dans son Histoire, &
qu'il suffit mesme de lire les Decretales des Papes ; pour savoir de quelle façon leur autorité s'est establie
peu à peu, je n'en parlerai point davantage. C'est pour cette mesme
raison, que je n'ai aussi rien dit de
l'origine des dîmes, parce que le
P. Paul en a aussi assez bien parlé.
Tout le monde est assez persuadé,
que sous la premiere Race de nos
Rois, nous ne recourions point à Rome

me pour regler les matieres Ecclesiastiques : & même sous la seconde
Race , Charlemagne qui donna
beaucoup d'autorité aux Papes , ne
les consulta pourtant point dans les
nouveaux establissemens des Evêchés & des Archeveschés qu'il fit.
Dans l'Italie mesme , plusieurs siecles aprés , les Princes & les Evesques estoient entierement les maistres de tout ce qui appartenoit aux
Eglises. Le Prince , ou les Juges
commis par lui jugeoient des differens qui estoient entre les Evesques
& les Abbés , & entre les autres Ecclesiastiques touchant leurs revenus
& leurs privileges : mais comme les
choses sont aujourdhui establies d'u-
ne autre maniere , & que la Discipline de l'Eglise est entierement
changée , j'ai crû qu'il estoit necessaire , aprés avoir marqué l'origine
& le progrés des Revenus Ecclesiastiques , de descrire en peu de mots
l'estat present des matieres Benefi-

Pouvoir
des Papes
en Fran-
ce.

ciales.

ciales. Il seroit inutile de savoir les coustumes de nos Peres, si nous ignorions celles qui sont en usage parmi nous. Les premieres ne peuvent nous servir que d'instruction, au lieu que les dernieres nous seront utiles pour la conduite de nôtre vie.

Explication du Droit nouveau. Je ne dirai rien ici de l'origine des Benefices, de la maniere que nous les voyons aujourdhui establis ; car l'on sait assez qu'ils n'ont commencé que vers l'onziéme siecle : & au lieu que dans les anciens Canons, il n'est parlé que de l'Ordination & du Ministere, l'on ne parla plus en suite que de la Portion & du Benefice. Neanmoins, quoi que l'on changeast entierement les façons de parler & une bonne partie de l'ancienne Discipline, on se regla encore en beaucoup de choses sur les maximes de l'ancien Droit. Par exemple, l'Ordination n'estoit pas autrefois differente du Ministere ou Benefice: c'est pourquoi, lors que par l'intro-

duction du Droit nouveau on les fe-
para, l'on garda toujours cette maxime, que celui qui peut ordonner
peut auffi conferer un Benefice, &
que celui qui ne peut point ordonner, ne peut point auffi conferer aucun Benefice. Mais peu à peu
les Papes ont derogé par leurs priviléges & exemptions au Droit commun qui eftoit fondé fur le Droit ancien; & nous voyons que les Abbés
exempts de la Jurifdiction des Ordinaires, conferent de plein droit
des Cures & d'autres Benefices.
Quoi que l'eftabliffement des Benefices foit ordinairement rapporté à
la fin du X. fiecle, ou au commencement de l'onziéme, on en voit
neanmoins quelques veftiges long-
tems auparavant. Car vers l'an
500. fous le Pape Symmaque, l'on
accorda à quelques Ecclefiaftiques
des portions de terre pour en jouïr
pendant leur vie, ainfi qu'il paroit
des termes de (1) l'Epiftre de ce Pape

*Origine
des Be-
nefices.*

(1) *Tom.
1. Concil.
Gall. ann.
513.*

pe à Cesarius, où il defend d'aliener
les biens de l'Eglise, si ce n'est en faveur des Clercs qui l'auront merité,
ou de quelques Monasteres, ou des
Hospitaux, & cela seulement pour la
vie de ceux qui en jouïront. *Posses-*
siones, quas unusquisque Ecclesiæ
proprio dedit aut reliquit arbitrio,
alienari quibuslibet titulis atque con-
tractibus, vel sub quocunque argu-
mento non patimur ; nisi forsitan
Clericis honorem meritis, aut Mona-
steriis, religionis intuitu, aut certè
peregrinis necessitas largiri suaserit ;
sic tamen, ut hæc ipsa non perpetuò,
sed temporaliter, donec vixerint,
perfruantur. Ces paroles font assez
voir, qu'il y avoit dés ce tems-là
quelque espece de Benefice, quoi-
que la portion des biens ne fust pas
encore faite aux Ecclesiastiques en
particulier; mais cela estoit rare alors,
& ne s'accordoit que pour des causes
extraordinaires.

Il y a de plus quelques vestiges de
fon-

fondations de Benefices & du droit
de Patronage dans le Canon X. du
(1) I. Concile d'Orange; mais l'usage de ces tems-là est bien éloigné de
ce qui se pratique aujourdhui. Les
regles du Droit nouveau, qui commença principalement sous le Pape
Nicolas I. qui vivoit au milieu du IX.
Siecle, apporterent un grand changement aux affaires Ecclesiastiques.
Le Pape Gregoire VII. qui vivoit
bien avant dans le XI. Siecle, esten-
dit les regles de ce Droit nouveau au
delà de tout ce que ses Predecesseurs
avoient fait : & bien loin que les Papes qui vinrent aprés lui, se soient
relâchés de ces nouveautés, au contraire ils les augmenterent; de sorte que le Droit qui a esté introduit
dans l'Eglise depuis ce tems-là, merite plutost d'estre appellé le Droit
des Papes, que le Droit Canonique; parce que dans l'establissement
de ce Droit nouveau, l'on n'a pas
tant eu égard aux anciennes loix de
l'Eglise,

(1) *En*
441.

Aug-
menta-
tion du
Droit
nouveau;

l'Eglise, qu'à l'utilité des Papes & de la Cour de Rome. Ce qui causa dans la suite des tems de grands desordres, & les Princes furent obligés de faire des loix & des Pragmatiques pour empêcher ces abus: mais il n'a pas esté en leur pouvoir de les oster entierement.

La Compilation que le Moine Gratien (1) fit des Canons des Conciles, des Epistres Decretales des Papes, & de plusieurs sentences des Peres, dont il composa un corps de Droit Canon, contribua beaucoup à autoriser le nouveau Droit: car l'on enseigna publiquement dans les Ecoles cette Collection de Canons, & on s'en servoit mesme dans les jugemens qu'on rendoit. On ne lisoit point les Peres & les Conciles dans leur source, mais seulement dans le Decret de Gratien; & l'on n'estoit pas assez éclairé en ce temslà, pour voir qu'un grand nombre des citations de Gratien estoient faus-

(1) *En* 1150.

fausses, & qu'il ne suivoit pas toûjours les regles du Droit ancien,
ayant inseré dans sa Collection plusieurs pieces supposées : outre qu'il
donnoit aux Decretales des Papes la
mesme autorité qu'aux Conciles Generaux, & qu'il destournoit mesme
quelquefois les paroles des anciens
Canons, pour les accommoder au
Droit qui estoit autorisé par les Papes de son tems. Mais le Recueil
des Epistres Decretales des Papes,
qui (1) fut fait par l'ordre de Gre- (1) *En*
goire IX. apporta un bien plus 1230.
grand changement aux affaires Ecclesiastiques : cependant on les lût
en France publiquement dans les
Ecoles, aussi bien que le Recueil de
Gratien. Ces Decretales ont esté l'o-
rigine d'une infinité de procez : &
quoi qu'elles fussent reçûës dans l'E-
glise Occidentale, & enseignées publiquement par les Professeurs du
Droit Canon, l'on fut obligé de les
rejetter en plusieurs rencontres, &
d'avoir

d'avoir recours aux anciens Canons. L'on nomma alors la Compilation de Gratien, Droit ancien, quoi qu'il y eust bien des nouveautés : mais en comparaison du Livre des Decretales, on avoit raison de l'appeller le Droit ancien. Les longues & fâcheuses disputes que les Rois de France eurent avec les Papes, furent cause que les François mepriserent le Recueil des Decretales, & qu'on n'en fait pas mesme encore aujourdhui beaucoup d'estime. Ils croyent que cet Ouvrage n'a esté compilé, que pour establir les interests du Pape, & pour renverser tout l'ancien Droit. Ils ont encore devant les yeux toutes les Satyres qui ont esté faites contre les Decretales, & ce Proverbe qui estoit autrefois si commun.

Depuis que le Decret print ales
Et Gendarmes porterent malles,
Moines allerent à cheval,
Jamais le monde n'eut que mal.

Mais

Mais aprés tout, dans ce qui regarde la pratique, l'on doit préferer les Decretales au Decret, puis que la plus-part des regles du Droit qui eft maintenant en ufage, eft prife du Livre des Decretales, & non du Decret de Gratien. L'on ne doit pas auffi mefprifer le VI. Livre des Decretales, qu'on nomme d'ordinaire le Sexte, quoi qu'il (1) ait efté compilé par l'ordre du Pape Boniface VIII. ennemi des François; parce qu'une grande partie des Conftitutions qui font contenües en ce Recüeil, ont efté extraites des decrets du Concile de Lyon, & font obfervées en France. De plus, les Decretales qui portent le titre de Clementines, parce que ce Recüeil eft attribué au Pape Clement V. ont efté prifes la plus-part du Concile de Vienne, où les Ambaffadeurs de France ont affifté. Les autres Decretales qui font comprifes dans le corps du Droit Canon fous le nom

d'Ex-

(1) *En* 1298.

d'Extravagantes de Jean XXII. &
d'Extravagantes communes, ne
femblent pas avoir une fi grande autorité en France, que les premieres
Decretales ; & il me femble qu'on
n'y eſtime pas auſſi beaucoup toutes les nouvelles Bulles dont le
Bullaire eſt compoſé, parce qu'elles
n'ont point eſté reçûës en France.

Depuis les grands démeſlés entre
Boniface VIII. & Philippe le Bel,
& entre Jules II. & Louïs XII. les
François ont apporté beaucoup plus
de précautions pour recevoir les Bulles des Papes, qu'ils ne faiſoient auparavant. Les differens meſme qui
arriverent au Concile de Trente à l'é-
gard de la France, ont encore eſté
cauſe que les François ont tenu pour
fuſpect ce qui vient de Rome, &
qu'ils ne ſe ſoumettent pas facilement à ſes loix. C'eſt pourquoi les
Bulles des Papes n'y ſont reçûës qu'a-
prés avoir eſté examinées & modi-
fiées,

fiées, s'il est necessaire; & souvent
mesme on ne les reçoit point.   Enfin il n'y a qu'une partie des regles de
la Chancellerie qui soient reçuës en
France.   Voilà les regles sur lesquelles le Droit nouveau est establi: &
les François y ont apporté de leur
part beaucoup d'autres modifications, qu'il est à propos de connoitre, afin qu'on sache sur quoi l'on
doit aujourdhui se regler dans les matieres Beneficiales.

Bien que la France se soit soumise
au Droit nouveau, elle a neanmoins
toujours retenu quelque chose du
Droit ancien; & lors qu'elle a reconnu que les loix nouvelles estoient
contraires au bien de l'Estat, elle a
eu recours aux anciennes, & a pré-
tendu se defendre par le Droit commun.   C'est ce qu'on a nommé Priviléges ou Libertés de l'Eglise Gallicane, qui n'estoient en effet autre
chose que l'ancien Droit commun;
mais qu'on a appellé privileges ou
liber-

Origine
des Li-
bertés en
France.

libertés estant comparés avec le Droit commun nouveau. Par exemple, lors qu'on a esté pressé par l'autorité des Decretales, l'on a eu recours au Droit ancien contenu dans le Decret de Gratien: mais comme le Decret de Gratien autorise plusieurs fausses Decretales des premiers Papes, lesquelles ont apporté un Droit nouveau, les Evesques de France ont eu recours à une Compilation de Canons plus ancienne, quand on leur a opposé l'autorité de ces Decretales. Cependant, quoi que la France ait pû faire, le droit des Papes a enfin prévalu, nonobstant les Pragmatiques de nos Rois, qui ont voulu restablir le Droit ancien.

La plus ancienne Pragmatique que nous ayons, est attribuée (1) à St. Loüis: mais il y a lieu de douter qu'elle soit en effet de lui, quoi qu'il semble que personne ne l'ait revoquée en doute jusqu'à present. Ce qui

(1) *En* 1268.

qui a fait croire qu'elle estoit de St. Louïs, c'est qu'elle est sous le nom d'un Roi nommé Louïs, & que la date est une preuve convaincante, qu'elle ne peut estre d'un autre Louïs que de Louïs IX. Elie de Bourdeille Archevesque de Tours, & qui fut fait en suite Cardinal, a rapporté tous les articles de cette Pragmatique dans un Escrit qu'il composa sous le Roi Louïs XI. contre la Pragmatique Sanction des François. Il est vrai qu'il refute la Pragmatique de St. Louïs, comme si elle avoit esté effectivement de ce Prince : mais il semble en avoir douté, n'ayant pas osé dire absolument qu'elle fust de lui, mais seulement (1) qu'on la lui attribuoit. Les Auteurs contemporains & qui ont écrit sa vie, n'en parlent point du tout. Les Papes, qui se sont si fortement opposés à tout ce qu'ils ont crû estre contraire à leurs pretentions, ne se sont point plaint en ce tems-là de cette Pragmatique,

(1) *Adscribitur ei fecisse Pragmaticam.*

H

quoi

quoi qu'elle ruinast entierement leurs interests.   Est-il possible que dans (1) l'Assemblée de Bourges, où l'on fit cette fameuse Pragmatique, l'on n'eust point parlé de la Pragmatique de St. Louïs, s'il y en eust eu veritablement une ? Il n'y auroit eu rien alors de plus fort pour autoriser cette Assemblée.   Il ne nous paroit rien de plus ancien en faveur de la Pragmatique de St. Louïs, que les Remonstrances faites par Messieurs du Parlement au Roi Louïs X I. Il y a bien de l'apparence qu'elle a esté supposée environ (2) en ce tems-là, parce que l'on savoit que le Roi Louïs X I. n'estant encore que Dauphin, estoit d'intelligence avec la Cour de Rome pour casser la Pragmatique faite à Bourges ; & Messieurs du Parlement n'oublierent rien de ce qui pouvoit contribuer à maintenir cette Pragmatique.   Il y a de plus des termes assez extraordinaires dans la Pragma-

ma-

(1) *En* 1438.

(2) *En* 1461.

matique attribuée à St. Louis. Ces
mots, *Ad perpetuam rei memoriam,*
ne sont pas du stile des Ordonnances. Nous ne voyons pas aussi, que
St. Louis ait affecté ailleurs de dire,
que sa Couronne dependoit de Dieu
seul; & cela mesme estoit assez inutile pour les affaires dont il s'agissoit.
Je pourrois apporter plusieurs autres
raisons, pour faire voir qu'il y a lieu
de douter de la verité de cette Pragmatique : mais outre que cela me
meneroit trop loin, le Droit Canon
de France n'est pas tant appuyé
sur la Pragmatique attribuée à St.
Louis, que sur celle de Bourges, &
sur le Concordat qui a derogé à plusieurs articles de la Pragmatique de
Bourges.

Pour savoir donc à fond le Droit
François à l'égard des matieres Beneficiales, il ne faut pas s'en rapporter tout-à-fait aux Decretales des
Papes ; mais il est encore necessaire
de connoistre en quoi la Pragmati-

Regles du Droit Fran-çois.

H 2 que,

que, le Concordat, les Ordonnances de nos Rois & les Arrests des
Cours Souveraines se sont éloignés
du Droit establi dans les Decretales.
De plus, comme le Concordat ou
Traité passé (1) entre Leon X. &
François I. a aboli plusieurs articles de
la Pragmatique, l'on ne doit retenir
de la Pragmatique, que ce qui n'a
point esté retranché ou modifié dans
le Concordat; & le Concordat même
ne subsiste pas aujourdhui tout entier,
parce que les Papes & les Rois de
France y ont derogé d'un commun
consentement en beaucoup de chefs.
Il ne faut pas aussi insister trop fortement sur les Ordonnances ; car il y
en a quelques-unes, principalement
celles qui furent faites dans les Estats
assemblés à Orleans, lesquelles n'ont
point passé en usage. Enfin la Juris-
prudence des Arrests n'a pas toujours
esté la même, & elle varie encore
tous les jours : & ce qui est à remarquer, c'est que les Cours ne conviennent

(1) *En*
1516.

nent point entre elles dans leurs Jugemens; ce qui ne se rencontre pas
seulement dans des Provinces differe-
rentes, où il est difficile que les Jugemens soient les mesmes, à cause
des differentes coustumes sur lesquelles on se regle, plutost que sur
le Droit; mais mesme dans Paris,
où les maximes du Parlement different de celles du Grand Conseil, &
souvent le Conseil d'Estat a des pre-
jugés qui ne conviennent point avec
ceux qu'on suit dans le Parlement &
dans le Grand Conseil. Il seroit à de-
sirer, qu'il y eust un peu plus d'uni-
formité dans les Jugemens; ce qui
ne seroit pas difficile à executer. Voilà les principes de nostre Droit François, lesquels j'ai suivis le plus exactement qu'il m'a esté possible. Dans la
suite de ce discours, je parlerai de ce
qui se pratique en France dans les
matieres Beneficiales.

Selon les regles du Droit commun, Droit
chaque Evesque doit pourvoir aux commun.

H 3   Be-

Benefices de son Diocese.   Il n'y avoit autrefois que les Evesques qui pûssent permettre la construction des Eglises & des Chapelles dans leurs Dioceses, & commettre des Prestres pour les gouverner ; c'est pourquoi toutes les Eglises dependoient d'eux :   & comme le Pape n'ordonnoit personne hors les limites de son Diocese, aussi ne pouvoit-il pas donner les emplois Ecclesiastiques, que nous appellons aujourdhui Benefices, que dans les limites de son mesme Diocese. Cela est expressément marqué dans le XVII. Canon du premier Concile d'Orleans, où il fut arresté, (1) que toutes les Eglises qu'on bastiroit seroient au pouvoir de l'Evesque, selon les regles du Droit ancien.   Mais les Evesques ne peuvent plus se prévaloir de cet ancien Droit, auquel il a esté derogé par un Droit nouveau & particulier.   Il y a maintenant des Patrons tant Ecclesiastiques que Laïques,

ques,

(1) *Omnes Basilicæ, quæ per diversa loca constructæ sunt, vel quotidie construuntur, placuit, secundùm Canonum regulam, ut in ejus Episcopi, in cujus territorio sitæ sunt, potestate consistant.* Tom. 1. Concil. Gall. Ann. 511.

ques, lesquels ont un droit special
de pourvoir aux Eglises qu'ils ont fondées : & de plus, le Pape en qualité d'Evesque Universel, s'est attribué un plein pouvoir sur toutes les
Eglises du Monde. C'est pourquoi
les Evesques ne peuvent plus se servir de ce Droit ancien & commun,
que lors que le Droit nouveau & special n'a point de lieu ; car alors le
Droit commun reprend sa force.
Ce qu'il est necessaire de remarquer,
si l'on veut savoir exactement, à qui
appartient de pourvoir aux Benefices, auxquels on pourvoit en general selon les regles du Droit commun,
qui (1) donne à l'Evesque le pouvoir
sur tous les Benefices de son Diocese; ou bien l'on y pourvoit selon les
regles du Droit nouveau & particulier : *Inferiores non possunt Juris-*
dictionem Episcopalem vendicare,
nisi de jure speciali. Il est donc à propos de connoitre quel est ce Droit
special qui a derogé au Droit com-

Droit
particu-
lier.

(1) *Epis-*
copus de
jure com-
muni fun-
datus est
in libera
admini-
stratione
omnium
Ecclesia-
rum suæ
Diœcesis.

H 4   mun

mun & general.   Commençons par le droit des Papes,

Droits des Pa-pes.

Le Pape peut concourir avec les Ordinaires, parce qu'il est l'Ordinaire des Ordinaires, & que sa Jurisdiction s'estend dans toutes les Eglises du Monde; & c'est pour la même raison qu'il peut les prevenir. Il pretend avoir une plenitude de puissance, dont il ne s'est pas defait pour l'avoir communiquée aux autres : d'où il s'ensuit, que sans destruire le droit des Ordinaires, il peut les prevenir; & celui qui pourvoit le premier, a l'avantage. Je parle ici selon les maximes du Droit nouveau, sans examiner si elles sont vrayes ou faussés, parce que cela seroit inutile pour la pratique dont il s'agit. Le Pape peut donc conferer les Benefices de plein droit par Prevention : mais comme la Prevention apporte un grand prejudice aux collations des Ordinaires, on l'a modifiée en plusieurs chefs.

I. La Prevention n'a lieu aujourd-dhui

dhui que pour les Benefices qui sont
vacans ; & le Pape ne peut plus disposer des Benefices avant la vacance,
comme il faisoit autrefois , en les reservant à sa disposition. Les Reser-
ves mentales & les Expectatives ont
esté abolies par le Concile de Trente. C'est pourquoi depuis le Concile on a derogé à l'article du Concordat , qui autorisoit les Mandats ou
Mandemens des Papes, qui estoient
une espece d'Expectatives. Il est inutile d'expliquer plus au long en quoi
consistent ces sortes de Mandats , &
de quelle maniere ils s'executent,
puis qu'ils sont abolis. Le mesme (1)
Concile de Trente a aboli toutes les
autres Expectatives, en y comprenant les Indults octroyés au Chancelier de France, aux Maistres des Re-
questes, aux Presidens, aux Conseillers du Parlement de Paris, & à quelques autres Officiers de ce Parlement : mais l'on n'a point reçû en cela
l'autorité du Concile ; au contraire le

Graces
Expecta-
tives a-
brogées

(1) Sess.
24. Can.
19. &
Sess. 25.
Can. 9.

H 5   Pape

Pape Clement I X. a augmenté les privileges des Indultaires. Il y a une autre sorte de Grace Expectative qui subsiste en France, quoi que le Concile de Trente y ait aussi derogé, savoir les privileges accordés à ceux qui ont estudié un certain nombre d'années dans quelque Université fameuse du Royaume, & qu'on nomme Gradués. Ce droit des Gradués, qui est fondé sur la Pragmatique & sur le Concordat, est tellement reconnu en France, que quelques Jurisconsultes François, & mesme quelques Parlemens pretendent que la Prevention du Pape ne peut apporter aucun préjudice aux Gradués: mais l'usage le plus commun de France reçoit la Prevention du Pape au préjudice des Gradués & des Indultaires.

II. Le droit de Prevention n'est pas dans toute la France, & il y seroit mesme entierement rejetté, si l'on y recevoit les decrets du Concile de Tren-

Trente. La Bretagne, qui n'est point comprise dans le Concordat, n'est point sujette à la Prevention; mais le Pape partage la collation des Benefices avec les Ordinaires. Il les confere de plein droit pendant les mois de Janvier, Mars, May, Juillet, Septembre & Novembre; les Ordinaires les conferent pendant les autres six mois: & lors que le Siege de Rome est vacant, les Benefices qui vaquent pendant les mois du Pape, ne peuvent estre conferés par les Ordinaires, parce que le droit de devolution ne peut avoir lieu en ce cas-là; mais la collation est reservée au Pape futur. Avant le Roi Henri II. Le Pape y conferoit les Benefices pendant 8. mois de l'année.

III. La Prevention du Pape ne peut nuire aux Patrons Laïques, qui conservent toujours leur droit de presentation, à moins qu'ils ne vueillent eux-mesmes y deroger; & alors le

La Bretagne n'est point sujette à la Prevention.

Les Patrons Laïques ne sont point sujets à la Prevention.

le Pape en doit faire mention dans
son Rescrit, en y ajoutant ces mots,
Accedente Patroni Laïci consensu. Ce
qui s'observe à plus forte raison à l'é-
gard des Benefices qui sont à la nomination du Roi, & de ceux qui sont
sujets à la Regale.

Benefi-
ces elec-
tifs &
collatifs.

    IV. Quelques-uns distinguent les
Benefices, en Benefices purement e-
lectifs, en electifs collatifs, & en purement collatifs ; & ils pretendent
que les premiers, qui sont purement
electifs, ne sont point sujets à la Prevention du Pape, parce qu'ils ont besoin de la confirmation ou collation
du Superieur; qu'à l'égard des autres,
qui sont collatifs, le Pape les peut
conferer, à cause de son droit de Prevention: mais l'usage le plus commun
est, que la Prevention du Pape a lieu
dans tous les Benefices, à la reserve
de ceux auxquels, comme nous a-
vons dêja dit, le Roi nomme, & de
ceux qui vaquent en Regale: & pour
ce qui est des Benefices electifs, il n'y
a que

a que les Chefs d'Ordre qui soient exempts de la Prevention ; car les Doyennés des Eglises Cathedrales & Collegiales peuvent aujourdhui être resignés *in favorem*, & conferés par le Pape. Il faut neanmoins excepter les Doyennés qui sont electifs par titre de fondation Laïcale ; car alors c'est la mesme regle que des Patrons Laïques, aux droits desquels le Pape ne deroge jamais. Il y a de plus des Benefices, auxquels la Prevention du Pape n'a point de lieu, parce qu'ils requerent de certaines conditions qui y sont annexées, comme sont, par exemple, les Theologales, les Penitenceries, & d'autres Benefices qui sont affectés à des Musiciens, ou qui exigent de certaines qualités qui en sont inseparables. Comme ces qualités sont personnelles, le Pape n'y peut suppléer par la Prevention : outre qu'il est facile d'empescher la Prevention du Pape dans les Benefices electifs ; car il n'y a qu'à commencer

H 7   l'él'élection, pour lier les mains au Pape.

V. Il y a plusieurs choses qui empeschent que la Prevention du Pape n'ait son effet. I. Si l'Ordinaire a conferé avant lui le mesme Benefice, quoi que la collation soit nulle & invalide, elle ne laisse pas d'empescher l'effet de la Prevention : de sorte qu'en ce cas-là le rien produit quelque chose ; & l'on tient pour une maxime indubitable, que *collatio Ordinarii, etiam nulla & invalida, impedit Præventionem Papæ.* Il faut cependant remarquer, que la simple presentation du Patron ne suffit pas pour empescher la Prevention ; parce que la presentation ne donne pas le Benefice : il est necessaire que (1) la présentation soit notifiée au Collateur. Plusieurs croyent neanmoins, que la seule presentation du Patron est suffisante, pour empêcher que la Prevention du Pape n'ait son effet ; & se fondent sur ce que le droit

droit de Prevention est odieux , &
qu'ainsi il ne doit point estre favorisé.
D'autre part , tout le monde avoüe
que la Prevention du Pape a seulement lieu , (1) quand les choses
sont en leur entier. Or, disent-ils,
on ne peut pas asseurer que les choses
demeurent encore entieres , lors que
le Patron a donné sa presentation ,
laquelle acquiert un droit à celui qui
a esté presenté ; & il est certain que
(2) le Pape ne peut deroger à un
droit acquis. Nonobstant toutes ces
raisons & plusieurs autres semblables
qu'on allegue en faveur de la presentation , qu'on pretend pouvoir empescher la Prevention du Pape , l'on
tient communément aujourdhui ,
que la seule presentation du Patron
n'empesche point l'effet de la Prevention , à moins qu'elle n'ait esté
insinuée au Collateur ordinaire.
II. Les Indultaires & les Gradués
empeschent la Prevention du Pape,
quand ils ont fait leur requisition

dans

(1) *Quando res sunt integræ.*

(2) *Juri quæsito Papa non potest derogare.*

dans les formes ; car alors *res non censentur integræ.* III. Le Pape a derogé lui-mesme à son droit de Prevention en faveur des Cardinaux, à qui il a accordé des privileges ou Indults pour n'estre point prevenus par lui. Il y a aussi quelques personnes de qualité qui obtiennent du Pape le mesme privilege ; & ainsi ils ont les six mois entiers pour pourvoir à leurs Benefices, selon les regles du Droit commun, sans qu'ils puissent estre prevenus. IV. Afin que la Prevention du Pape obtienne son effet, il faut qu'il n'y ait eu ni fraude ni surprise ; c'est pourquoi la regle de la Chancellerie *de verisimili notitia*, est reçûë en France : & pour cela il est necessaire, qu'entre la mort du Beneficier & la collation du Pape, il se soit passé un tems suffisant pour porter à Rome la nouvelle de la vacance du Benefice : si l'on prouve le contraire, la Prevention est censée frauduleuse & anticipée, & est par consequent nulle.

Ou-

Outre le droit de Prevention, le Pape a encore le droit de Devolution en qualité de Superieur ; & en ce cas-là le Pape peut conferer de Droit commun tous les Benefices aprés un certain tems. L'Ordinaire a six mois à pourvoir aux Benefices qui dependent de lui, & ces six mois commencent à se conter du jour qu'il a pû avoir la connoissance de la vacance. S'il n'y pourvoit pas pendant les six mois, le droit est devolu au Superieur immediat ; par exemple, de l'Evesque au Metropolitain, du Metropolitain au Primat, si le Primat jouït de ce droit, & du Primat au Pape. L'on suit en cela l'ordre de la Jurisdiction. Mais le droit de Devolution est assez inutile au Pape, parce qu'il est absorbé par le droit de Prevention ; & de plus il faudroit que les Benefices vaquassent pendant une année ou deux, afin qu'il les pust conferer par Devolution, si ce n'est à l'égard

des

Droit de Devolution attribué au Pape.

des Collateurs qui dependent immediatement de lui. S'il arrive neann-
moins que le Collateur ordinaire ait
mal pourveu , son droit est d'abord
devolu au Superieur immediat , &
l'Ordinaire n'a plus droit de conferer le Benefice pour cette fois-
là.   L'on s'adresse souvent à Rome dans cette sorte de devolution.   Le Pape devient alors le
Collateur ordinaire.   Il faut pourtant prendre garde , qu'il y a de
certains cas où les Ordinaires peuvent varier dans leurs collations , &
qu'il n'est pas toujours vrai de dire ,
que quand ils ont une fois conferé ,
ils perdent leur droit ; car ils peuvent
donner un mesme Benefice à plusieurs personnes sous differentes con-
siderations.   Par exemple , s'ils ont
donné un Benefice qui a vaqué dans
les mois affectés aux Gradués , à un
non Gradué , ils peuvent donner en
suite le même Benefice à un Gradué
qui le requerra.   De plus , si l'Ordinaire

naire a conferé de plein droit un Benefice qui est en patronage, il peut
encore le conferer de nouveau sur la
presentation du Patron.   S'il avoit
aussi conferé un Benefice , & qu'il
se trouvast en suite qu'il ne fust point
vaquant, ou que celui à qui il l'auroit accordé ne voulust point l'accepter , il ne perdroit pas pour cela le droit d'y pourvoir une seconde fois. Ainsi la devolution n'a
point lieu en tous ces cas-là ; &
partant la negligence ou l'excés
des Collateurs ordinaires ne peuvent estre suppléés par le Pape,
puis qu'ils ne sont point attribués à
leur negligence , ni à leur excés.
Les Papes au contraire , peuvent donner un mesme Benefice à
plusieurs personnes, parce que leur
puissance n'est point limitée, comme celle des Ordinaires , & que
leur droit ne peut estre dévolu,
n'ayant point de Superieur. Ce
droit dont jouïssent les Papes, est cause

se d'une infinité de procés. Tout le monde est reçû à Rome pour son argent, & cependant il est certain, qu'il n'y en a qu'un qui puisse obtenir le Benefice, quoi qu'il ait esté accordé à plusieurs.

Benefices vacans in Curia.

Le Papes de plus, conferent les Benefices, dont les Titulaires meurent en Cour, c'est-à-dire, dans les dix lieües au tour de Rome. Ce droit est une espece de Reserve dont le Pape Clement IV. est auteur. La Constitution de cette Reserve est rapportée dans le Sexte au Chapitre *Licet*, en ces termes : *Collationem tamen Ecclesiarum , Personatuum , Dignitatum & Beneficiorum apud Sedem Apostolicam vacantium, specialiùs cæteris antiqua consuetudo Romanis Pontificibus reservavit :* mais comme ces mots , *Ecclesiarum & Dignitatum ,* sont generaux , l'auteur de la Glose sur le Sexte , qui estoit Secretaire du Pape Boniface VIII. pretend que le Pape n'a point compris

pris

pris dans sa Constitution les Evêchés, ni les Abbayes ; & cependant le Concordat, qui nous sert de
regle, comprend dans les Benefices qui sont reservés au Pape, à cause de leur vacance *in Curia*, les Evêchés & les Abbayes. Maistre *Carol.*
Charles Du Moulin a esté obligé de *Molin.*
dire, qu'il y a eu de la surprise dans
le Concordat: & en effet, l'on n'a
pas pû estendre le sens de la Constitution des Benefices vacans *in Cu-*
ria ; mais on a dû l'expliquer conformément à l'intention des Papes
Clement IV. & Boniface VIII. qui
en sont les auteurs. C'est pourquoi
l'on a raison de dire, que les Commissaires du Roi ont esté surpris,
quand ils ont laissé passer cet article
du Concordat : car il est certain, que
les Benefices auxquels on pourvoyoit
par la voye de l'election, n'estoient
point soumis au Chapitre *Licet*, ou à la
Constitution *de Beneficiis vacantibus*
in Curia. D'autre part, on ne doute

point

point que la nomination du Roi n'ait
esté subrogée aux elections , & par
conſequent qu'elle ne doive jouïr de
tous leurs droits.   Ainſi , les Benefices auxquels le Roi nomme à
cauſe du Concordat , ne doivent
point eſtre reſervés au Pape , quand
ils vaquent en Cour.   C'eſt ce que
Meſſieurs les Gens du Roi pretendent maintenant en France , & le
Parlement de Paris s'eſt aſſez expliqué ſur ce ſujet.   Il ſemble cependant, que le Roi reconnoiſſe cette re-
ſerve des Papes , principalement lors
qu'il donne ſon Brevet à des perſonnes qui ne ſont point du Royaume ,
& qui pourroient mourir en Cour.
Il ne leur accorde les Benefices ,
qu'à condition qu'ils obtiendront du
Pape un Bref *de non vacando in Cu-*
ria; & aprés cela , ſoit qu'ils obtiennent ce Bref , ou qu'ils ne l'obtiennent pas , les Benefices dont ils ſont
pourveus ne peuvent plus eſtre cen-
ſés vaquer en Cour.   Monſieur Dou-

jat

jat a fait imprimer le Bref *de non va-*
cando in Curia , que le Pape Clement I X. (1) accorda au Cardinal
Mancini pour les Abbayes qu'il pof-
fedoit en France. Ce Bref eſt adreſ-
ſé au Roi ſur ſa ſupplique en ces termes : *Nos , nè prædicto Cardinale for-*
te apud Sedem Apoſtolicam decedente,
Majeſtas tua impediatur , quomi-
nùs ad Monaſteria hujusmodi ratio-
ne dictorum Concordatorum aut ſpe-
cialis Indulti Apoſtolici nominare
poſſit , opportunè providere volentes ,
ſupplicationibus ejusdem Majeſtatis
tuæ nomine nobis ſuper hoc humiliter
porrectis inclinati , eidem Majeſtati
tuæ , &c. Il paroit affez des termes
de ce Bref, que le Pape pretend que
tous les Benefices vacans *in Curia* lui
font refervés par les articles meſmes
du Concordat, & que le Roi reconnoit cette referve du Pape en vertu
du Concordat. J'ai veu quelques autres Brefs *de non vacando in Curia,*
qui font exprimés de la meſme maniere.

(1) *En* 1667.

niere. Mr. le Duc de Neubourg en
(1) a aussi obtenu un pour l'Abbaye
de Fescan , lequel est semblable-
ment adressé au Roi. Les Papes en
accordent neanmoins assez rarement : mais il seroit à souhaiter qu'ils
n'en accordassent jamais , & mesme
qu'on ne leur en demandast point
du tout , afin de ne pas autoriser une
clause du Concordat , qui est sans
doute vicieuse , & à laquelle on peut
deroger , sans deroger pour cela à la
substance du Concordat.

Le Droit nouveau reçû en France
donne aux Papes plusieurs autres
pouvoirs , dont ils ne jouïssoient
point , quand l'Eglise estoit gouvernée selon les anciens Canons. I. La
creation des nouveaux Eveschés &
l'erection des Archeveschés appartiennent aux Papes.

II. Les Evesques ne peuvent estre
transferés d'un Siege à un autre,
qu'ils ne prennent de nouvelles Bulles du Pape : & s'ils ont mesme des
Ab-

(1) En
1673.

Autres
droits
des Pa-
pes.

Abbayes, ou d'autres Benefices consistoriaux, ils sont aussi obligés de
prendre de nouvelles Bulles pour
tous ces Benefices, & payent par
consequent de nouvelles Annates.
Mais il faut toujours supposer, que
le Pape ne peut mettre en execution
tous ces pouvoirs sans la permission
du Roi : il est mesme fait mention du
consentement du Roi dans les Bulles
de la translation.

III. Le Pape confirme par ses
Bulles ceux que le Roi a nommés aux Eveschés, aux Abbayes
& aux autres Benefices consistoriaux.

IV. Le Roi ne peut jouïr de son
droit de nomination aux Eveschés &
aux Abbayes qui ne sont point si-
tuées dans les lieux dont le Concor
dat fait mention ; mais le Pape lui
accorde des Indults pour nommer
à ces Benefices. Comme la France
est beaucoup plus estenduë qu'elle n'estoit, lors que le Concordat

de Bologne fut fait entre le Pape Leon X. & le Roi François I. il a fallu que les Rois de France ayent obtenu du Pape des Indults, qu'on nomme *Indulta regiæ nominationis*, dont on peut voir plusieurs modeles imprimés dans le Recüeil de Monsieur Doujat. Il est cependant libre aux Papes de les accorder pour toujours, ou pour un certain tems seulement.

V. Comme c'est une maxime reçûë & approuvée generalement de tout le monde, que les Benefices seculiers doivent estre donnés à des seculiers, & les Benefices qui sont en regle à des reguliers, le Roi ne peut point faire sortir les Benefices hors de regle pour les mettre en Commende, à moins qu'il ne l'obtienne du Pape, parce que c'est un des articles du Concordat : mais le Roi & le Pape qui ont fait le Concordat, y derogent tous les jours, en ayant le pouvoir.

VI. Le

VI. Le Pape , qui fe dit maiftre abfolu de tous les Benefices , fe-
cularife felon fa volonté les Benefices
qui font en regle ; & ainfi il deroge à
cette grande maxime , *Secularia fe-
cularibus , regularia regularibus* , en
faveur de ceux qui envoyent pour cela leur argent à Rome. Les Moines
neanmoins , qui font puiffans à Rome à caufe de leurs Generaux qui y
refident ordinairement , ou de leurs
Procureurs qui font en cette Cour
pour les affaires de leur corps ,
empefchent le plus qu'ils peuvent
la fecularifation des Benefices qu'ils
pretendent leur appartenir de
droit.

VII. Le Roi ne peut aliener les
biens Ecclefiaftiques de fon Royaume fans la permiffion & le confentement du Pape ; il n'a pû mefme lever les decimes fur le Clergé , qui ont
efté converties dans la fuite en fubfi-
des ordinaires , fans en obtenir le
pouvoir du Pape. Les Ecclefiafti-

*Aliena-
tions de-
pendent
du Pape.*

 ques

ques pretendoient autrefois, que leurs biens estant consacrés à Dieu, ils n'estoient point obligés de les employer pour subvenir aux guerres & aux autres necessités publiques ; qu'il suffisoit qu'ils y contribuassent par leurs prieres.   Mais le pretexte specieux des guerres saintes leur osta ce scrupule, & il fut mesme ordonné dans le Concile de Latran sous Innocent III. que l'on prendroit ces sortes de decimes sur les Ecclesiastiques pour les voyages de la Terre-Sainte.   Depuis que la porte fut une fois ouverte aux decimes, les Papes & les Rois joints ensemble en leverent souvent. Mais comme les Papes avoient pris la coustume de lever des decimes en France pour leurs besoins particuliers, il fut arresté dans le Concile de Constance, qu'elles ne seroient plus levées que du consentement des Prelats du Royaume ; & par là les Papes n'eurent plus la liberté d'en lever. Mais cel-

Concil. Constantiense.

celles qu'on accorda aux Rois augmenterent beaucoup , & ce qui
n'estoit au commencement que fort
extraordinaire , a passé en coustume. Les grandes guerres qu'il fallut
soustenir en France pour la Religion , favoriserent beaucoup cet é-
tablissement des decimes , qui est
aujourdhui une espece de taille sur les
Ecclesiastiques ; & il y a mesme des
Receveurs commis pour les recevoir.
Il faut cependant remarquer , que
les Papes ne disposent pas à leur volonté des biens Ecclesiastiques ,
comme ils pretendent en avoir le
pouvoir. Ils n'ont point la liberté
d'aliener les revenus des Eglises ,
à moins que le Roi & le Clergé
n'y consentent , & qu'on n'ait auparavant examiné les causes d'alienation : car on ne reçoit point en
France les Bulles de permission d'a-
liener , où se trouvent ces termes,
*motu proprio , sine inquisitione,
etiam invitis Clericis.* En un mot ,

 pour

pour aliener en France les biens Ecclefiaſtiques, il faut que les deux ſouveraines Puiſſances, j'entens le Pape & le Roi, ſoient d'intelligence.

Concordats dependans du Pape.

VIII. Tous Concordats, Transactions ou Pactions en matiere Beneficiale, doivent eſtre homologuées en Cour de Rome, parce qu'il y a une eſpece de ſimonie, n'eſtant pas permis aux particuliers de diſpoſer de leurs Benefices avec de certaines retentions ou promeſſes; & c'eſt la raiſon pourquoi l'on s'adreſſe au Pape pour les penſions & pour les reſignations *in favorem.* Les Ordinaires ne peuvent point créer, ni homologuer des penſions: ils ne peuvent point de plus admettre aucunes reſignations *in favorem,* ſi ce n'eſt en cas de permutation; & meſme il arrive ſouvent, que les particuliers s'adreſſent au Pape pour les permutations. Il y a une autre eſpece de Concordat ou Tranſaction, que les

Ab-

Abbés Commendataires & les Moines font tous les jours entre eux pour la partition des biens, fans avoir recours à Rome : mais ces Concordats fe rompent facilement, & les Succeffeurs y peuvent deroger, parce qu'un Abbé n'a pas le pouvoir de lier la volonté de fon Succeffeur. Il peut bien ceder fes droits pendant fon vivant ; mais il ne peut pas difpofer de ce qui appartient à un autre. C'eft pourquoi, quand bien mefme ces Concordats feroient homologués en Cour de Rome & dans les Parlemens, ils peuvent toujours eftre caffés, s'il fe trouve qu'une des parties qui a contracté ait efté notablement lefée : alors il lui eft permis de fe relever, & à plus forte raifon à fon Succeffeur, qui n'eft pas obligé de tenir tout ce qui a efté fait par fon Predeceffeur. Le Pape mefme ne pretend point nuire par fes Refcrits au droit acquis des autres ; outre que cela n'eft pas en fon pouvoir, quand

I 4

mefme

mefme il ajouteroit dans fon Refcrit,
qu'il n'a rien fait qu'avec connoiffan-
ce de caufe, parce qu'il peut avoir é-
té mal informé.   Ajoutez à cela,
que le Pape n'a aucun pouvoir en
France fur le temporel des Benefices,
mais feulement fur le fpirituel, pour
lequel on a recours à lui comme au
Superieur, afin d'autorifer les Tranf-
actions que les particuliers font entre eux, & de les purger de fimo-
nie.

Commendes dependent du Pape.

IX. Il n'y a que les Papes qui
puiffent donner des Benefices en
Commende perpetuelle; & les François font d'autant plus obligés de re-
connoître ce pouvoir des Papes, qu'il
n'y a point de Royaume où il y ait
tant de Benefices reguliers erigés en
Commende, qu'en France.   Comme la Commende, de la maniere
qu'elle eft aujourdhui eftablie plû-
toft pour la commodité des perfonnes, que pour l'utilité de l'Eglife,
eft entierement contre la difpofition

des

des Canons : aussi n'y a-t-il que le
Pape qui puisse conferer en Commende, parce que lui seul peut dispenser des Canons, tant pour ce qui
regarde l'inhabilité des personnes à
qui l'on donne les Commendes, que
pour l'incompatibilité à l'égard des
Benefices dont les Commendataires sont revestus. C'est pourquoi
les Benefices en Commende sont en
quelque maniere reservés au Pape,
parce qu'ils sont appuyés sur un privilege special qui ne peut estre accordé que par lui : & lors que la
Commende vaque par la mort du
Commendataire, elle n'est pas censée
vaquer par sa mort, mais comme elle
vaquoit avant la Commende, laquelle n'apporte aucun changement aux
choses. Cependant le Pape donne
encore le mesme Benefice en Commende par un privilege qu'il continüe toujours: de sorte qu'on peut dire,
que le privilege ou la dispense a entierement derogé au Droit com-

mun,

mun, lequel ne subsiste que de
nom, & la dispense tient lieu de
Droit commun quant à l'effet. Cependant, quoi que ceux qui possedent les Commendes, ne les ayent
obtenües que par privilege ou dispense, ils ne laissent pas d'en joüir,
& d'avoir tous les titres, fruits &
honneurs, comme s'ils estoient Titulaires, d'autant que par les Bulles
de la Commende, les Commendataires sont subrogés aux droits des Titulaires, & l'on y employe toujours
des termes, qui marquent que le
pouvoir du Commendataire est le
mesme que celui du Titulaire auquel
il est substitué. *Curam Monasterii
ac regimen & administrationem tibi
in spiritualibus & temporalibus ple-
nariè committendo.* Le Pape donne en quelque façon par ses Bulles
l'investiture du spirituel & du temporel, & accorde aux Commendataires la liberté de disposer selon leur volonté des fruits de leurs Abbayes, a-
prés

prés qu'ils auront satisfait aux charges qui sont toujours exprimées dans
les mesmes Bulles : *De residuis fruc-*
tibus, redditibus & proventibus dis-
ponere & ordinare potuerunt ac de-
buerunt. Et pour faire voir que les
Commendes d'aujourdhui sont differentes des anciennes, qui estoient
establies en faveur des Eglises, &
non des personnes, les Papes ajoutent dans leurs Bulles, qu'ils donnent aux Commendataires le pouvoir de disposer des fruits de leurs
Commendes pour leur utilité particuliere, & pour vivre plus commo-
dément, & mesme selon leur qualité : *Ut statum tuum juxta gradum*
tuæ nobilitatis decentiùs tenere va-
leas, de alicujus subventionis auxi-
lio providere volentes, &c. Ce n'est
pas ici le lieu d'examiner, si les Papes peuvent s'attribüer une si grande
autorité, qui semble renverser toute la
Discipline de l'Eglise. Je ne parle presentement que de ce qui se pratique,

I 6 & du

& du pouvoir que les Papes ont en
France, où les Bulles dont j'ai rapporté quelques extraits, font reçûës &
autoriſées par l'uſage. Auſſi les Cano-
niſtes diſent-ils, que les titres des Benefices ne font que de Droit poſitif;
& qu'ainſi les Papes qui font les maîtres de ce Droit, principalement
quand il a eſté eſtabli volontairement
par eux, en peuvent diſpenſer comme il leur plaiſt, & en faveur de qui
ils veulent. C'eſt ſur ce principe que
font fondées les diſpenſes qu'on obtient des Papes pour poſſeder pluſieurs Benefices, & qu'on deroge
tous les jours à la nature & aux qualités des Benefices; pour favoriſer les
perſonnes. Mais avec tout cela, il
faut toujours ſuppoſer ce principe
que nous avons déja remarqué, ſavoir que ce grand pouvoir des Papes
ne peut s'executer en France, ſi le
Roi n'y conſent; & de plus, que la
Cour de Rome n'a aucun droit ſur le
poſſeſſoire des Benefices.

X. Les

X. Les Papes n'accordent pas seulement des Benefices en Commende à des Clercs, en les dispensant de l'âge & des autres qualités requises ; mais ils dispensent aussi de la Clericature les enfans qui sont encore dans le berceau, jusqu'à ce qu'ils ayent atteint l'âge de prendre la tonsure. Il suffit d'exposer, que l'enfant est destiné à l'estat Ecclesiastique : *Infantem qui, ut accepimus, in secundo vel tertio suæ ætatis anno constitutus, & ad vitam Ecclesiasticam agendam destinatus existit.* Mais comme on ne peut pas jouir d'aucun Benefice, qu'on ne soit Clerc ; & que d'autre part l'enfant n'est pas encore en âge, les Papes employent ces termes dans leurs Bulles : *Eidem infanti, cùm primùm clericali charactere ritè insignitus, & in ætate legitima constitutus, seu aliàs ex concessione & dispensatione Apostolicâ ad Monasteria obtinenda capax & habilis fuerit, per eum, quoad vixerit, tenenda,*

 re-

*regenda & gubernanda, ita ut ex
nunc, prout ex tunc, pro eo affecta &
destinata sunt ac esse censeantur,* &c.
Puis le Pape nomme dans la mesme
Bulle un Econome qui ait soin du
temporel seulement, jusqu'à ce que
l'enfant ait esté tonsuré. *N. Admi-
nistratorem Monasteriorum in temporalibus solùm, donec prædictus in-
fans charactere clericali insignitus
fuerit, & Monasteria sibi per nos
vel Successorem nostrum Romanum
Pontificem pro tempore existentem,
commendari obtinuerit.* Il paroit
de ces dernieres paroles, que l'enfant n'est pas encore proprement
establi par les Bulles Abbé Commendataire, parce qu'il n'est point
encore Clerc ; mais que l'Abbaye
lui est seulement assûrée, & que cependant il jouïra des fruits du Benefice, comme s'il estoit veritablement
revestu du Benefice, & cela parce
que le Pape lui en donne le droit par
ses Bulles.

XI. Quoi

X I. Quoi que les Ordinaires Des u-
nions. puiſſent unir les moindres Benefices, il n'appartient cependant qu'au Pape d'unir les Benefices qu'on nomme conſiſtoriaux, & l'on s'adreſſe mê-me ſouvent à lui pour toutes ſortes d'unions. Ce pouvoir du Pape, d'u-nir toutes ſortes de Benefices, vient de la plenitude de ſa puiſſance; au lieu que celle des Ordinaires eſt li-mitée. Ils jouiſſoient neanmoins autrefois de ce droit: mais nous a-vons déja remarqué, que nous ne parlons ici que du Droit nouveau, de la maniere qu'il s'obſerve preſen-tement en France, ſans examiner ſur quoi il eſt fondé, & s'il eſt con-traire aux anciens Canons. Il ne faut pourtant pas s'imaginer, que le Pa-pe ſoit tellement maiſtre des unions en France, qu'il puiſſe les faire à ſa volonté, & ſans des cauſes legiti-mes: car l'on n'y reçoit point les u-nions qu'on nomme d'ordinaire per-ſonnelles, qui ſe font ſeulement pour

la

la vie des personnes, parce que ces sortes d'unions ne sont point pour l'utilité des Eglises qu'on unit. Il est donc necessaire pour rendre les unions legitimes, qu'elles soient fondées sur de veritables causes, & non sur des pretextes : autrement elles sont nulles, conformément au decret du Concile de Constance, qui casse les unions faites par les Papes, (1) si elles ne sont appuyées de bonnes raisons. Il ne suffit pourtant pas que le Pape employe ces termes dans la Bulle d'union, *& ex certa scientia nostra :* mais il doit adresser à quelqu'un sur les lieux un Rescrit de delegation *ad effectum unionis,* afin qu'on puisse informer de l'utilité de l'union. Il faut de plus appeller ceux qui sont interessés dans l'union, & principalement les Patrons des Benefices, lesquels doivent estre oüis, parce que l'union est une espece d'alienation pour toujours, laquelle prive le Patron de son droit.

(1) *Si non ex rationabilibus causis, & veris factæ fuerint, licet Apostolicæ Sedis autoritas intervenerit.* Sess. 43.

II

Il y a plusieurs autres formalités à observer, afin de rendre les unions valides en France, où l'on reconnoit, à la verité, la plenitude de puissance des Papes; mais on se reserve toujours la liberté de limiter cette plenitude de puissance selon les loix du Royaume : & c'est sur ce fondement que les Parlemens s'appuyent pour casser les unions qui manquent des formalités necessaires, & les declarer abusives. Le Concile de Trente a aussi (1) declaré, que les unions faites depuis 40. ans seroient nulles, à moins qu'elles n'eussent esté faites en presence des Ordinaires pour de justes causes, & qu'on n'y eust appellé ceux qui y étoient interessés. Mais en ajoutant en suite ces paroles, (2) si le St. Siege n'a jugé autrement, il rend le Pape maistre absolu des unions : ce qui n'est point reçû en France, où l'on n'a pas mesme égard à la prescription de 40. ans ; car l'on peut se pourvoir mesme aprés cent ans,

ans contre une union qui n'a point esté faite dans les formes, si nous ajoutons foi aux Praticiens François. Le Concile de Trente n'est pas cependant tout-à-fait éloigné de cet usage. Il veut qu'on n'ait point d'égard à la prescription de 40. ans, si les Bulles d'union ont esté subreptices ou obreptices, c'est-à-dire, si l'exposé qu'on a fait au Pape ne se trouve pas vrai; & cela est commun à toutes les Bulles Apostoliques & les Rescrits, où l'on suppose toujours la clause, (1) si la Requeste expose la verité.

(1) *Si preces veritate nitantur.*

XII. Il y a une autre sorte d'union qui n'appartient aussi qu'au Pape, savoir la suppression d'un Ordre pour l'unir à un autre, ou la desunion de deux qui auroient esté joints ensemble. Cela ne se peut pourtant faire sans le consentement du Roi.

Jugement des Evêques.

XIII. Le jugement des causes qu'on appelle majeures, par exemple, la deposition des Evesques, est reser-

reservé au Pape, lequel neanmoins
n'en juge pas à Rome, mais il donne des Juges en France; & il n'est
point obligé de deleguer un certain
nombre d'Evesques, comme quelques-uns ont pretendu, ni de choisir les Comprovinciaux de l'Evesque
auquel on fait le procés. Il est en sa
liberté de deleguer *in partibus* tels
Commissaires qu'il lui plaira, pourveu qu'ils soient du Royaume & a-
gréés par le Roi. Le Droit ancien
des Metropolitains & des Comprovinciaux n'a plus de lieu; outre qu'on
n'assemble plus de Conciles pour cela. Le Pape fait donc aujourdhui
lui seul toutes choses par le moyen
de ses Brefs, de ses Bulles & de ses
Reserits, qui ne peuvent neanmoins
avoir aucun effet sans la permission
du Prince. C'est pourquoi la deposition des Evesques en France depend absolument du Pape & du Roi:
le Pape nomme les Juges Commissaires qui doivent travailler au procés,

cés, & le Roi les agrée.   Je sai que plusieurs s'opposent à cela en France : mais il est inutile d'opposer le droit à des faits & à des exemples, quand il s'agit de Discipline.   Je ne dirai rien de ce qui s'observoit autrefois, parce que je ne traite ici que de ce qui se pratique maintenant.

Pouvoir des Legats en France.

Aprés avoir parlé du pouvoir des Papes en France à l'égard des matieres Beneficiales, il est à propos de dire quelque chose du pouvoir de leurs Legats & de leurs Nonces. Le pouvoir des Legats qu'on nomme Legats *à latere*, est tres-grand, parce qu'ils sont comme les Ambassadeurs du Pape , & qu'ils representent sa personne auprés des Princes, auxquels ils sont envoyés pour des affaires extraordinaires.   Leurs pouvoirs sont marqués au long dans les Lettres que le Pape leur donne : mais ils demeurent sans execution , jusqu'à ce que le Roi ait approuvé la

Le-

Legation ; & de plus Messieurs les Gens du Roi ne regiftrent point les dites Lettres de Legation , qu'avec les modifications & reftrictions qui y ont efté ajoutées felon la volonté du Roi , & conformément aux Libertés & Couftumes du Royaume. Les Legats ont donc prefque les mefmes pouvoirs pour tout ce qui regarde les Benefices , que les Papes qu'ils reprefentent. C'eft pourquoi ils font fort incommodes aux Collateurs ordinaires pendant le tems de leur Legation , qui dure autant qu'il plaift au Roi. Il y a neanmoins de certaines chofes, qu'ils ne peuvent executer fans un mandement fpecial du Pape , comme font les tranflations des Evêques. Ils ne peuvent auffi admettre les refignations *in favorem*, à moins que cela ne foit expreffément marqué dans leurs pouvoirs, & qu'on n'y ait point derogé dans la reftriction qui en a
efté

esté faite : il faut consulter pour cela
les Bulles de leur Legation & leur ve-
rification par le Parlement. Mr. Doujat en a fait imprimer quelques-unes
dans son Recüeil , & entre autres
celle du Cardinal Chisi , où l'on
pourra apprendre quelles sont leurs
facultés en France, où ils executent
l'une & l'autre Jurisdiction , savoir la
volontaire & la contentieuse , en
qualité neanmoins de Delegués du
Pape.   C'est pourquoi leur Jurisdiction cesse , s'il arrive que le Pape
meure pendant qu'ils l'exercent. Outre ces Legats *à latere* , qui ne sont
envoyés en France qu'extraordinai-
rement , il y a un autre Legat *à latere* à Avignon , qui exerce sa Jurisdiction dans la ville d'Avignon & le
Comté de Venisse , dans les Provinces de Vienne, d'Arles, d'Embrun,
d'Aix & de Narbonne.   Cette Jurisdiction est ordinairement donnée à
un Cardinal , lequel a un Subdelegué
ou Vice-Legat qui en fait toutes les
fonctions.   Pour

Pour ce qui est des Nonces en France, ils n'ont aucune Jurisdiction. On les considere plutost comme des Envoyés du Pape pour des affaires civiles, que comme des Ecclesiastiques. Neanmoins il s'est introduit une coustume, qui a esté condamnée plusieurs fois & en differentes rencontres, savoir que le Nonce du Pape en France reçoit les attestations *de vita & moribus*, où l'on informe des mœurs de ceux qui sont nommés par le Roi aux Benefices consistoriaux. Mais cela est un abus qui a esté introduit par ceux mêmes qui ont esté nommés par le Roi : car comme ils craignent que leurs Bulles ne soient expediées à Rome, ils font faire l'attestation *de vita & moribus* par devant les Nonces ; au lieu que cette attestation devroit être donnée par l'Evesque du lieu où les nommés aux Benefices resideroient. L'on pourroit en suite la recommander au Nonce, comme à l'hom-

Pouvoir des Nonces en France.

l'homme du Pape en France ; ce qui s'est quelquefois pratiqué par ordre mesme du Roi : mais les particuliers n'ont pas laissé de recourir au Nonce pour leur seureté ; & cela s'observe encore aujourdhui, nonobstant toutes les remonstrances qu'on a pû faire pour empescher cette Jurisdiction des Nonces en France.

Des Cardinaux. Il reste de parler des Cardinaux qui sont de la Cour du Pape, & en mesme tems de leurs privileges : mais comme ces privileges regardent plutost leurs personnes en particulier, que le droit des autres, l'on pourroit omettre cet article ; aussi ne le toucherons nous qu'en passant. Le nom de Cardinal ne signifioit pas dans les commencemens une dignité particuliere, comme il fait aujourdhui ; mais on marquoit seulement par là la difference des Eglises & des emplois : par exemple, les Chanoines des Eglises Cathedrales estoient la plus-part appellés Cardinaux

naux en Italie, pour les distinguer des Ecclesiastiques des autres
Eglises inferieures. L'on donnoit
aussi le mesme nom aux Prestres,
aux Diacres, & même aux Soû-
diacres, quand il y avoit lieu de
les distinguer de ceux du commun;
mais ce titre estoit fort inferieur à
la qualité d'Evesque : c'est pourquoi l'on ne retenoit point le titre de Cardinal, quand on estoit
Evesque. Les choses sont maintenant changées : la dignité de
Cardinal est aujourdhui la premiere aprés la Papauté, & ils sont à
l'égard du Pape, comme les Senateurs ou Conseillers à l'égard de celui qui préside au Senat. Neanmoins comme la Papauté est devenüe Monarchique, le Pape
ne prend leur avis que par une
pure ceremonie, mais il fait
tout à sa volonté ; & s'il se sert encore de ces termes *de consilio Fra-*
trum, c'est bien souvent pour

K

mettre

mettre à couvert ſes parens aprés ſa mort, principalement pour ce qui regarde les revenus de la Chambre Apoſtolique, dont les Papes diſpoſent trop abſolument, ſans que les Cardinaux oſent s'oppoſer à lui. Ce qui rend les Cardinaux plus conſiderables que tous les autres Eccleſiaſtiques, vient de ce qu'ils éliſent les Papes, & qu'ils peuvent euxmeſmes eſtre élûs. Ils ont eſté ſubrogés aux droits de l'ancien Clergé Romain, à qui appartenoit d'élire leur Eveſque, de la meſme maniere que cela s'obſervoit dans les autres Egliſes. Comme la Juriſdiction du Pape a eſté beaucoup augmentée par le Droit nouveau, auſſi la dignité des Cardinaux qui ſont ſes Conſeillers, en eſt devenüe plus grande; & pour les honorer à proportion de leur dignité, on leur a accordé pluſieurs priviléges qui les exemptent des loix & uſages ordinaires.

Ils ont les ſix mois entiers pour-

pourvoir aux Benefices dont ils sont
les Collateurs, sans craindre d'estre
prévenus par le Pape, qui a derogé
en leur faveur à son droit de Prevention par un Indult. Le Pape de plus,
qui deroge tous les jours à la regle *de
viginti diebus*, pour favoriser les Re-
signataires, n'y deroge point au prejudice des Cardinaux à l'égard des
Benefices dont ils sont Collateurs ordinaires; & ce privilege leur est singulier. Ils ne sont point sujets aussi aux
Indults de Messieurs du Parlement
de Paris: de sorte qu'ils ne sont pas
obligés de conferer aux Indultaires
les Benefices dont ils sont les Collateurs, parce qu'ils ont un Indult du
Pape, qui leur donne le pouvoir de
disposer de leurs Benefices à leur volonté, & en faveur de qui il leur
plaist. Neanmoins le Parlement
de Paris a quelquefois prononcé des
Arrests contraires à cet Indult des
Cardinaux, & a favorisé les Indultaires, à cause de la nomination du

K 2

Roi,

Roi, qu'ils ont crû devoir estre pre-
ferée aux Indultaires des Cardinaux.
Enfin la regle ordinaire, par laquelle
il est establi que les Benefices sécu-
liers seront donnés à des seculiers, &
ceux qui sont en Regle à des reguliers, n'a point de lieu à l'égard des
Cardinaux, qui (1) sont en cette qualité propres à recevoir toutes
sortes de Benefices.

Ce n'est pas assez d'avoir expliqué
le droit des Papes en France à l'égard
des matieres Beneficiales, pour savoir
à fond en quoi l'on a derogé à l'ancien Droit, qui donnoit tout pouvoir
aux Evêques dans la collation des Benefices ; il faut de plus examiner le
droit des autres Collateurs, & des Patrons soit Ecclesiastiques, soit Laïques ;
en un mot, il est necessaire de connoître les droits de tous ceux qui sont
aujourdhui en possession de pourvoir
aux Benefices, de quelque maniere
que ce soit. Il semble qu'il n'y en a
point qui ayent plus de raison de s'at-
tri-

(1) *Ha-*
bent os
apertum
ad omnia
Beneficia.

tribuer ce droit, que les Chapitres des Droits des Chapitres.
Eglises Cathedrales; car comme ils ne
faisoient autrefois qu'un corps avec
les Evêques, & qu'ils étoient de leur
Conseil, ils avoient aussi quelque part
à la Jurisdiction. Ainsi, lors qu'on a separé les biens, l'on a en mesme tems
separé la Jurisdiction, principalement
la Jurisdiction gratieuse, ou le droit de
pourvoir aux Benefices; & je croi que
c'est là la veritable raison pourquoi les
Chapitres sont presentement Collateurs de quelques Benefices séparé-
ment de leurs Evêques. Ils ont même
fait de certaines loix entre eux, qui sont
differentes en differens lieux. Chaque
Chanoine pourvoit à son tour aux Benefices qui vaquent dans sa semaine,
ou dans le tems qui lui est assigné par
le partage qu'ils ont fait entre eux.
Outre cela, les Chanoines qui ont des
dignités, peuvent pourvoir aux Benefices qui dependent de leurs dignités, soit en particulier, soit conjointement avec d'autres dignités : en quoi

K 3 l'on

l'on suit l'usage reçû dans chaque Chapitre. L'on doit neanmoins prendre garde, à ne pas autoriser toutes sortes d'usages : car il se peut faire, que les Chanoines ayent fait entre eux des Concordats qui nuisent au droit des particuliers ; & c'est sur quoi peu de gens font reflexion. Les Evesques ne peuvent disputer ces droits aux Chapitres, puis qu'ils en font tombés d'accord de part & d'autre par des Transactions qu'ils ont eu pouvoir de faire. Mais il est arrivé de là un assez grand desordre, qui a estably dans l'Eglise des Benefices sans aucun emploi : car les Chanoines ne se font pas seulement separés de leurs Evesques, mais ils ont de plus pris leur revenu chacun en particulier, & en ont eu le soin. Ce qui a esté cause que plusieurs Offices, qui estoient necessaires pendant que les revenus estoient en commun, font devenus inutiles ; & au lieu de les supprimer, on en a fait des Benefi-

ces

Origine des Personnats & dignités sans emploi.

ces que l'on a nommé Dignités, c'est-
à-dire, des Benefices sans aucun Office. J'en donnerai ici quelques exemples, afin qu'on sache l'origine de
ces Benefices ou Dignités, dont les
Titulaires ignorent le plus souvent
s'ils sont obligés à resider sur leurs Benefices. Je mets donc au nombre
de ces Dignités, les Prevostés de St.
Martin de Tours, qui sont en assez
grande quantité. Ces Prevostés é-
toient autrefois occupées par des
Chanoines du Chapitre, qu'on choi-
sissoit pour avoir le soin du temporel
de l'Eglise : & comme les revenus de
l'Eglise estoient en differens lieux, on
commettoit aussi ce soin à differentes
personnes, qui avoient chacun l'intendance sur les biens de leur quar-
tier ; & on les nommoit à cause de
cela *Præpositi*, d'où est venu le nom
de Prevost. Mais depuis que les
Chanoines ont voulu prendre eux-
mesmes le soin de leur bien chacun
en particulier, ces Offices sont de-

K 4

venus

venus inutiles; & cependant on n'a
pas laissé de les retenir, & on les nomme maintenant des dignités ou Benefices simples, dont les Titulaires
ne peuvent pas estre obligés à resi-
dence, comme ils estoient autrefois
obligés, parce que l'obligation de resider ne venoit pas de l'Office de
Prevost, mais du Canonicat dont ils
estoient revestus avec leur Prevosté,
qui n'estoit pas alors un Benefice,
mais une pure Commission ou Office. C'est aussi de cette maniere qu'on
doit considerer la dignité de Threso-
rier dans plusieurs Cathedrales du
Royaume, laquelle n'estoit sembla-
blement qu'un Office, qui consistoit
à prendre le soin des revenus de l'E-
glise; & aujourdhui ce sont des Benefices sans Office, qu'on nomme dignités d'honneur, parce qu'il n'y a que
la coûtume qui leur donne le nom de
dignité, n'y ayant que les titres d'Ar-
chiprêtre & d'Archidiacre qui soient
des dignités de droit, à cause de la Jurisdiction qu'ils ont retenüe.   Il

Il en est de même de toutes les autres dignités ou Personats ; c'est
pourquoi je ne m'y arresterai pas davantage. Je remarquerai seulement,
que plusieurs personnes jouïssent en
quelque maniere de deux Benefices,
quoi qu'on ne les comprenne point
parmi ceux qui jouïssent de plusieurs
Benefices. Les Doyens, par exemple,
des Eglises Cathedrales, & les premieres dignités des Eglises Collegiales ont le double du revenu des autres
Chanoines, quoi qu'ils ne soient en
effet que Chanoines comme les autres, & qu'ils n'ayent par dessus eux
qu'une prerogative d'honneur. Mais
l'usage qui nous a accoustumés à cela & à beaucoup d'autres pratiques
semblables, est cause qu'on ne les
met point au rang de ceux qui ont
plusieurs Benefices ; outre qu'ils peuvent alleguer pour leur defense, les
paroles de St. Paul, lors qu'il dit,
que les Prestres qui president com- 1 *Tim.* 5:
me il faut, meritent double récom- 17.
K 5 *pense.*

penſe. Au reſte, ſi les Chapitres ne s'attribuoient dans les matieres Beneficiales, que les droits dont nous venons de parler, les Eveſques n'auroient pas ſujet de ſe plaindre d'eux : mais il s'en trouve qui ont entrepris ſur la Juriſdiction des meſmes Eveſques, & qui pretendent avoir une Juriſdiction Epiſcopale, auſſi bien qu'eux. Vous voyez des Chanoines, qui ont par vanité, plutoſt que par neceſſité, un grand Vicaire, un Official & les autres Officiers neceſſaires pour exercer la Juriſdiction Epiſcopale, comme s'ils avoient un Dioceſe à gouverner. La plus-part des Chapitres de plus pretendent être exempts de la Juriſdiction de leur Eveſque, & ont un petit territoire qui depend d'eux, & à l'égard duquel ils exercent les fonctions de la Juriſdiction Epiſcopale, & tiennent la place des Prelats inferieurs ordinaires, dont il eſt parlé dans les Decretales.

Pour

Pour sçavoir sur quel fondement les Chanoines appuyent cette jurisdic-tion Episcopale qui leur donne droit de conferer plusieurs Benefices, l'on remarquera que tous les droits & prérogatives des Chapitres ne peu-vent tirer leur origine que des Eves-ques mesmes, dont les Chanoines se disent les freres. Avant que leurs manses fussent separées, ils gouver-noient les Eglises conjointement a-vec les Evesques : & ainsi l'on ne doit pas trouver estrange, qu'aprés leur separation ils ayent retenu une par-tie de la Jurisdiction qui leur appar-tient de droit commun, s'ils en sont en possession. C'est pourquoi (1) Me. Charles Du Moulin assure, que la collation des Canonicats & des Pre-bendes des Eglises Cathedrales ap-partient de droit commun aux Eves-ques & aux Chapitres. Il est vrai que cela semble establir plusieurs Chefs dans un mesme Diocese : mais comme ces Chefs sont inferieurs

Origine des droits des Cha-pitres.

(1) Car. Molin. Reg. de infer. re-sign.

K 6 aux

aux Evesques, les Canonistes tombent d'accord, qu'outre les Evêques on peut reconnoistre des Prelats inferieurs pour Ordinaires, & ils croyent que (1) sous le nom d'Evêque il faut aussi entendre les Prelats inferieurs qui sont en possession d'une Jurisdiction Episcopale. Selon cette maxime, les Chapitres peuvent estre Prelats ordinaires, *Prælati seorsim ab Episcopo*; & le Droit nouveau leur est d'autant plus favorable pour tout ce qui regarde la collation de plein droit des Benefices, que la collation (2) n'appartient point maintenant à l'Ordre, mais à la Jurisdiction. Ainsi, en reservant même à l'Evêque tout ce qui est de l'Ordre, les Chapitres peuvent faire les autres fonctions qui regardent la Jurisdiction.

Il est vrai que selon l'ancien Droit, les Clercs des Cathedrales, qu'on a nommés depuis Chanoines, dependoient de leurs Evesques, aussi bien que

(1) *Nomine Episcopi, inferiores jura Episcopalia habentes in his quæ jurisdictionem concernunt, comprehenduntur.*

(2) *Non est Ordinis, sed Jurisdictionis.*

que les autres Ecclesiastiques : mais
cela n'empeschoit pas qu'ils ne fuffent les Conseillers des Evêques, qui
dans les commencemens ne faisoient
rien de considerable sans le conseil &
mesme le consentement de leur
Clergé. Les Evesques cependant
leur disputent aujourdhui la plus
grande partie de leurs droits, & accu-
sent les Chanoines (1) d'usurpation.
Les Parlemens sont favorables aux
Evesques, parce qu'ils sont persuadés
que la Jurisdiction qu'on appelle Episcopale, appartient de Droit commun
à l'Evêque seul, & que les Chanoines
ne peuvent estre fondés que sur des
privileges ou des exemptions qu'ils
ont obtenües des Papes, ou dont ils
jouissent par le moyen des Transactions faites avec les Evesques, lesquels n'ont pû prejudicier aux droits
de leurs Successeurs en ce qui estoit
de la Jurisdiction Episcopale, parce
qu'elle ne peut estre communiquée
à d'autres qu'aux Evesques, & que

(1) Usurpatæ alienæ Jurisdictionis.

dans

(1)*Nulla est Cathedra nisi Episcopalis.*

dans chaque Eglise (1) il n'y a point d'autre Chaire que la Chaire Episcopale, les Chaires des Chanoines n'estant que de simples formes au Chœur pour y faire le Service Divin. Mais il me semble, qu'on ne rend pas en cela assez de justice aux Chapitres qui sont fondés sur le Droit commun; & les Chaires des Chanoines ou des anciens Clercs n'étoient pas dans les commencemens de simples formes pour chanter au Chœur, mais des Chaires de Jurisdiction, puis que les Peres leur donnent le nom de Senateurs, comparant à un Senat l'Assemblée de l'Evesque avec son Clergé. L'on doit donc considerer les Transactions qu'ils ont faites avec les Evesques, comme des Concordats qu'ils ont esté en droit de faire, & non comme de pures cessions des Evesques en faveur des Chapitres. De plus, les exemptions que les Chapitres ont obtenües des Papes, doivent estre preferées à tou-

toutes les autres exemptions, parce
que ces privileges ne sont bien souvent qu'une confirmation de leur
droit. Je sai que le Concile de Trente a derogé aux Transactions des
Chapitres avec leurs Evesques, à
moins qu'elles ne fussent confirmées
par les Papes, & qu'il a aussi cassé
leurs exemptions: mais outre que le
Concile de Trente n'est point reçû
en France, où les exemptions fondées sur de bons titres sont toujours
en vigueur, on peut dire que dans le
Concile, les Evesques n'ont pas rendu justice aux Chanoines ; & que
pour ce qui est des Concordats qu'ils
ont faits avec les Evesques touchant
la Jurisdiction, ils estoient en droit
de les faire. C'est pourquoi il n'a pas
esté au pouvoir des Evesques de les
casser, mais seulement d'ordonner
qu'ils seroient reveus, pour examiner s'il ne s'y estoit rien passé contre
les Canons, & s'ils n'estoient point
simoniaques.

Si

Si l'on ſuivoit exactement les regles du Droit commun, il ſeroit ai-
ſé de regler les droits des Chapitres
pendant la vacance du Siege; parce
que la Juriſdiction eſtant commune à
l'Eveſque & au Chapitre, il eſt neceſſaire que le Chapitre ſuccede à
toute la Juriſdiction aprés la mort de
l'Eveſque, & qu'il pourvoye par conſequent à tous les Benefices qui va-
queront juſqu'à ce que le Siege ſoit
rempli. Mais l'on en uſe tout autrement; car on diſtingue les Benefices que l'Eveſque confere avec ſon
Chapitre, d'avec les Benefices auxquels l'Eveſque pourvoit ſeul. A l'é-
gard des premiers, comme le Chapitre les donne conjointement
avec l'Eveſque, auſſi retient-il le
droit de les conferer ſeul, pendant
que le Siege eſt vacant : mais il ne
diſpoſe point des autres, ainſi qu'il
eſt expreſſément marqué au 31. Livre des Decretales, (1) *Cùm nus-
quam inveniatur cautum in jure,
quòd*

*quòd Capitulum, vacante Sede, fun-
gatur vice Episcopi in collationibus
Præbendarum :* cela se doit entendre
des collations qui appartiennent à
l'Evesque seul, & on l'estend
mesme à celles où il seroit obligé de
prendre l'avis & le consentement de
son Chapitre. La raison de cet
usage consiste, en ce que le droit
de conferer passe alors au plus pro-
chain Superieur ; & l'on ne peut
pas dire, que le Chapitre soit superieur, ni mesme égal à son E-
vesque dans les Benefices auxquels l'Evesque seul pourvoit.
Je croi pourtant, que si l'on a-
voit examiné les choses à fond,
les Chapitres confereroient tous
les Benefices, *Sede vacante,*
parce qu'ils rentreroient dans
leur ancien droit aprés la mort
de leur Evesque. L'on n'a pas
pris garde, que cette Decreta-
le a esté faite pour l'utilité du Pape, qui se trouve assez souvent

pen-

pendant la vacance du Siege superieur immediat; & ainsi le Pape devient en quelque façon Ordinaire. Il
y a dans le Bullaire une Constitution
de Pie V. par laquelle il se reserve
tous les Benefices dependans des E-
vesques, *Sede vacante*: mais on ne
reçoit point en France la plus grande
partie des Constitutions qui font
dans le Bullaire. Il est certain que
les Chapitres tiennent la place des
Evesques pendant la vacance du Siege, pour toutes les collations qu'on
nomme necessaires: c'est pourquoi
ils conferent sur la presentation des
Patrons & sur la nomination des Gradués. L'on doit mesme mettre au
nombre des collations necessaires,
les Cures vacantes, quoi qu'elles
soient à la collation de l'Evesque seul:
mais plusieurs ne tombent pas d'accord de ce dernier droit, pour les
raisons que j'ai marquées ci-dessus.
C'est aussi au Chapitre à confirmer
non seulement ceux qui font presentés

tés par les Patrons, mais mesme ceux qui ont esté élûs. La raison que plusieurs savans Canonistes rapportent pour autoriser ce droit des Chapitres, est prise de ce qu'il faut mettre de la difference entre les collations libres & les collations necessaires. (1) Les premieres sont des graces qui dependent absolument de l'Evesque : & dans les autres il n'est pas tout-à-fait le maistre, puis qu'il ne peut pas rejetter ceux qui ont esté élûs, ou qui lui sont presentés, s'ils se trouvent capables. Il seroit donc necessaire selon cette maxime, de reserver toutes les collations qu'on appelle libres, à l'Evesque qui doit succeder : mais cela ne s'observe point en France, où le Roi a son droit de Regale, & pourvoit à tous les Benefices qui n'ont point charge d'ame, jusqu'à ce que le Siege soit entierement rempli ; & pour les autres Benefices, on y pourvoit de la maniere que je viens de le dire.

Ij

Il faut expliquer maintenant les droits des Patrons, qui ont auſſi beaucoup derogé à l'ancien droit des Eveſques, de qui dependoient abſolument & ſans aucune reſtriction toutes les Egliſes de leurs Dioceſes. L'on appelle Patrons d'une Egliſe, ceux qui l'ont fondée ou dotée; de ſorte qu'il peut y avoir pluſieurs Patrons d'une meſme Egliſe, pour differens bienfaits dont cette Egliſe ſera redevable à differentes perſonnes, ſoit pour l'avoir fait baſtir, ſoit pour avoir donné le fond ſur lequel elle a eſté baſtie, ou pour lui avoir aſſigné des terres ou heritages pour faire ſubſiſter les Miniſtres qui la deſſervent. Tout cela acquiert aux bienfaicteurs un droit qu'on appelle droit de Patronage; & bien qu'il ne paroiſſe pas clairement par l'Acte de la fondation, qu'ils ſe ſoient reſervés ce droit, ils ne laiſſent pas de l'avoir, pourveu qu'ils n'y ayent pas renoncé. Les Patrons jouiſſent de pluſieurs honneurs,

pre-

prerogatives & privileges en vertu de leur Patronage. Le principal
privilege est de pouvoir presenter à
l'Evesque ou autre Collateur ordinaire, des Clercs pour estre pourveus des
Benefices dont ils sont Patrons : &
si ceux qu'ils presentent sont capables, le Collateur ne peut les refuser ; il est obligé de donner aux presentés la collation ou institution sur
les Lettres de presentation : & s'il arrive qu'au mépris des Patrons il donne les Benefices à d'autres , les provisions sont nulles. Au reste , cette
presentation, qui est le principal fruit
du Patronage , a esté accordée long-
tems avant l'establissement du nouveau Droit & des Benefices , à
ceux qui fondoient des Eglises & entretenoient des Ministres : car les E-
vesques ordonnoient pour ces mêmes
Eglises, ceux qui leur estoient recom-
mandés par les fondateurs , lors qu'ils
estoient capables du Ministere auquel on les appelloit. Cela est marqué
en

Novell.
Justinian.

en termes exprés par Justinien en la Nouvelle 126. Chap. 18. où il est dit: *Si quis oratorii domum fabricaverit, & voluerit in ea Clericos ordinare aut ipse, aut ejus hæredes, si expensas ipsis Clericis ministrant, & dignos denominant, denominatos ordinari. Si verò qui ab eis eliguntur, tanquam indignos prohibent sacræ regulæ ordinari ; tunc sanctissimus Episcopus quoscunque putaverit meliores ordinari procuret.* Les anciens Canons font aussi mention de ce droit de nomination accordé aux Patrons ou fondateurs des Eglises.

(1) 16. q. 7. c. 10.

Gratien, qui (1) rapporte le Canon du premier Concile d'Orleans, pour monstrer que toutes les Eglises de chaque Diocese sont au pouvoir de l'Evesque, (2) fait au mesme en-

(2) 16. q. 7. c. 32.

droit plusieurs restrictions en faveur de ceux qui ont fondé des Eglises; & entre autres il establit le droit de nomination en leur faveur sur l'autorité d'un Concile de Tolete. C'est pour-

quoi

quoi les Evesques ou autres Collateurs ordinaires ne peuvent jamais
deroger au droit de Patronage, bien
qu'ils le considerent comme une espece de servitude attachée aux Benefices, lesquels ne laissent pas pour
cela de dependre entierement d'eux,
à cause du droit d'institution ou collation qui leur appartient. Ce qui
n'empesche pourtant pas, que les
Patrons ne regardent ce droit comme un droit honorifique : & quoi que
ce soit l'institution ou collation qui
reveste proprement les Beneficiers
de leurs Benefices, *quia præsentatio
non est pars substantifica institutionis,
sed est tantùm quædam servitus Be-
neficii*; il est cependant toûjours vrai
de dire, que l'institution ou collation
des Evesques ne depend pas tout-à-
fait d'eux à l'égard des Benefices qui
sont en Patronage, puis qu'ils sont
limités à donner la collation ou institution à ceux qui leur sont presentés
par les Patrons.

Ii

Il y a deux sortes de Patrons, dont les uns sont Laïques, & les autres Ecclesiastiques : & bien que le droit de nommer aux Benefices dont ils sont Patrons, soit commun à tous les deux, ils different pourtant en beaucoup de choses, & mesme les Patrons Laïques ont quelque avantage par dessus les Patrons Ecclesiastiques. I. Le Pape ni son Legat ne peuvent jamais deroger au droit des Patrons Laïques ; & ceux qui favorisent la Cour de Rome disent seulement, que le Pape le pourroit absolument, s'il le vouloit, puis qu'il est le maistre de tous les Benefices ; mais qu'il ne le veut jamais. C'est pourquoi le Pape ni le Legat ne peuvent point prevenir les Patrons Laïques, qui ont quatre mois entiers pour nommer à leurs Benefices. Il est vrai que les Patrons Ecclesiastiques ont six mois pour pourvoir aux Benefices de leur Patronage : mais cela leur est

est

H

Prerogatives des Patrons Laïques.

est inutile en France, où la Prevention du Pape a lieu. En Normandie les Patrons Laïques ont six mois entiers pour nommer à leurs Benefices, aussi bien que les Ecclesiastiques : mais cette coustume est fondée sur l'usage, & non sur le droit, qui n'accorde que quatre mois aux Patrons Laïques, aprés lesquels ils perdent leur droit de nommer pour cette fois-là. Ce droit est alors devolu à l'Ordinaire, qui confere le Benefice à qui il lui plaist.

II. Le Roi ne peut deroger au droit des Patrons Laïques par son droit de Regale, parce que la Regale ne lui donne pas plus de droit, que la Papauté en donne au Pape. Or il est certain, que le Pape ne peut rien faire, comme nous l'avons remarqué, au prejudice des Patrons Laïques: le Roi au contraire peut deroger au droit des Patrons Ecclesiastiques pendant la Regale, & conferer les Benefices qui dependent d'eux, sans qu'il soit

L

besoin

befoin d'avoir leur confentement : comme la Regale accorde au Roi le droit de recevoir les refignations *in favorem*, de la mefme maniere que le Pape en joüit, il peut conferer fur ces fortes de refignations les Benefices vacans en Regale.

III. Le Patron Laïque a la liberté de varier. S'il a prefenté une perfonne indigne, il en peut nommer une autre; ce qui n'eft point accordé au Patron Ecclefiaftique, lequel ne peut accumuler préfentation fur préfentation, comme le Patron Laïque. La raifon de cette difference vient principalement, de ce qu'on doit excufer l'ignorance du Patron Laïque, & non celle du Patron Ecclefiaftique, qui confomme fon droit pour cette fois-là aprés la premiere préfentation.

IV. L'Ordinaire ne peut admettre les préfentations fans le confentement du Patron Laïque : au lieu qu'il le peut faire fans le Patron Ec-

cle-

clesiastique, au droit duquel il peut
déroger dans le cas de permutation,
& non dans les demissions pures &
simples; car le Benefice estant alors
vacant, l'Ordinaire ne peut le conferer que sur la présentation des Patrons soit Ecclesiastiques, soit Laïques.

V. L'on ne peut point charger de
pension un Benefice qui est en Patronage Laique : & Me. Charles Du
Moulin croit que le Rescrit du Pape
ne pourroit estre executé, à moins
que le Patron n'y consentist, ou que
cette clause n'y fût ajoutée, *Si tamen
Patroni consensus accedat.* Mais
comme le Pape peut deroger au
droit de presentation des Patrons
Ecclesiastiques, en conferant de
plein droit les Benefices qui sont à
leur nomination; il peut à plus forte
raison autoriser par ses Rescrits les
pensions constituées sur les Benefices de leur Patronage, sans qu'il
soit besoin d'avoir leur consentement. L 2 Au

Au reste , il est à propos de remarquer , que la distinction des Patrons Laïques & Ecclesiastiques ne se prend pas de la difference des personnes ; car un Ecclesiastique peut estre Laïque à cause de son bien & de son patrimoine, auquel le Patronage est attaché : mais un Laïque ne peut pas estre Patron Ecclesiastique , parce que le Patronage Ecclesiastique est un droit qui appartient à une personne ou à une Communauté, à cause des Benefices dont elles jouïssent. En un mot , les Benefices sont en Patronage Ecclesiastique , quand ils dependent de l'Eglise. Je n'examine point ici, si le Pape peut dispenser un Laïque pour joüir d'un Benefice, en demeurant mesme Laïque ; auquel cas il seroit vrai de dire , qu'une personne Laïque seroit Patron Ecclesiastique. Il suffit que nous ayons examiné les choses selon le Droit ordinaire ; & sans qu'il soit besoin d'approfondir

davan-

davantage cette matiere, il sera
facile de distinguer ces deux Patronages, en suivant les principes que
nous avons establis. Il faut neanmoins prendre garde, qu'il arrive souvent que les Patronages Laïques deviennent dans la suite Patronages Ecclesiastiques; & cela ou par les termes de la donation, ou par le transport & donation que les Laïques font de leurs
Fiefs & Seigneuries aux Eglises ou
aux Monasteres. Dans le titre de
la fondation d'une Eglise, il est quelquefois exprimé que les fondateurs
ne se reservent le droit de Patronage, que jusqu'à un certain tems,
& pour un degré limité de paren-
té; & alors cela venant à manquer,
l'Ordinaire confere de plein droit
les Benefices qui estoient auparavant en Patronage Laïque. C'est
pourquoi il est necessaire que
les Evêques voyent les titres des
fondations, qui sont quelquefois

L 3

avec

avec des restrictions en leur faveur. De plus, nous voyons que les Eglifes Cathedrales & les Monasteres jouïssant de quantité de Seigneuries avec les Patronages attachés aux dites Seigneuries, ces Patronages ont changé de nature, estant devenus Ecclesiastiques par le transport qui en a esté fait aux Eglises par les Seigneurs. L'on excepte neanmoins les grands Benefices, comme sont les Eveschés & les Abbayes, que les Rois de France ne peuvent jamais transferer aux acquereurs du Domaine de la Couronne. Il n'y a que les petits Benefices dont le Roi puisse transferer le Patronage avec les heritages ; & alors le Patronage, de Royal devient Ecclesiastique, s'il est donné ou transferé à une Eglise.

Du Patronage Huguenot.

Il y a de grandes difficultés en France touchant les Patrons Laïques qui font profession de la Religion pretendüe Reformée. Comme les

les Proteſtans n'y ſont pas traités ſelon la rigueur des Loix Eccleſiaſtiques, qui privent les Heretiques de
leurs biens; il ſemble que puis qu'on
leur laiſſe leurs terres & Seigneuries, ils doivent auſſi joüir de tous
les fruits & droits honorifiques attachés aux dites Seigneuries, principalement ſelon les maximes du Droit
nouveau, qui a ordonné que (1) la
preſentation aux Benefices doit eſtre
miſe au nombre des fruits. Perſonne
ne doute que le Patronage ne ſoit un
droit réel qui eſt attaché à la terre,
& qui par conſequent la ſuit comme
en eſtant un fruit. Il ſemble donc
qu'on ne doit pas avoir égard à la qualité de la perſonne, d'autant que le
droit de Patronage n'eſt pas perſon-
nel, mais réel; & de plus, la preſentation n'eſt qu'une ſervitude du
Benefice, & non un titre ſpirituel.
La preſentation ne donne point auſſi
proprement le Benefice: mais l'on
prend l'inſtitution de l'Ordinaire ſur

(1) Col-
lationes
ſunt in
fructibus.

L 4   les

les Lettres de presentation ; & c'est
en quoi consiste veritablement le
spirituel.   L'Ordinaire peut refuser
ceux qui sont presentés par les Patrons , s'ils ne sont point capables ;
& ainsi il demeure toujours en la liberté des Ordinaires , de ne remplir
que de personnes propres & habiles
les Benefices qui sont en Patronage
Huguenot. Les Patrons ne peuvent
donc abuser de leur droit , quand
mesme ils le voudroient , & il est impossible que l'Eglise en reçoive aucun
prejudice , si les Ordinaires s'acqui-
tent de leur devoir.

Ces raisons & plusieurs autres
qu'on pourroit apporter sur ce sujet,
ont esté cause que les Patrons Laïques faisant profession de la R. P. R.
ont autrefois obtenu un Arrest du
Conseil , par lequel il leur estoit permis de nommer des personnes capables qui pûssent presenter en leur
place aux Benefices de leurs Patronages : mais cela ne s'observe point.

Les

Les Ordinaires conferent de plein
droit ces fortes de Benefices, pendant
que les Patrons font profeffion de la
R. P. R. C'eft pourquoi il eft bon
de remarquer, que le droit de Patronage, qui eft réel & attaché à la
terre, n'eft point perdu, mais qu'il
dort, pour ainfi parler, & qu'il eft en
furfeance; de forte que s'il arrive que
les Patrons rentrent dans l'Eglife, ils
jouiffent de leur droit de Patronage, de la même maniere que
s'ils n'avoient jamais fait profeffion
de la R. P. R. Cet ufage eft appuyé
fur de bonnes raifons : & bien
que le droit de Patronage ne foit
point proprement fpirituel, il eft
au moins mixte, & l'on dit ordinairement, qu'il eft *quid fpirituale an-
nexum temporali*, & qu'il ne fe
peut vendre feparément, mais feulement avec la terre ou le fond
auquel il eft attaché. Il eft vrai
que le Patronage eft un droit réel :
mais cela n'empefche pas qu'il ne

L 5

soit

soit exercé par une personne.   Or il
est ridicule , qu'un homme qui ne
croit point à l'Eglise , lui presente
une personne pour avoir un droit spirituel , & qu'on lui accorde ce droit
sur sa presentation.   Je veux que l'E-
vêque soit libre d'agréer , ou de refuser celui qu'on lui presente , & qu'il
soit le juge de sa capacité. Ce n'est
pas assez: car si les Canons defendent
de donner un Benefice à la recommandation d'un Heretique ; à plus
forte raison ne le doit-on pas donner
sur sa presentation. L'Evesque ne
peut juger que des defauts qui lui sont
connûs ; & il se peut faire que le Patron de la Religion pretendüe Reformée presentera un homme fort
capable , mais qui aura des liaisons
secretes avec lui. Il n'est pas rare de
voir des Ecclesiastiques qui ont fait
leurs estudes aux depens des Patrons
de la R. P. R. dans l'esperance qu'ils
ont de leur procurer les Benefices de
leurs Patronages , afin de s'accommoder

moder avec eux, & de nuire aux
droits de l'Eglise. Mais ces artifices
sont si cachés, qu'il y a peu de personnes qui en ayent la connoissance.
C'est pourquoi on a exclus avec raison les Patrons qui font profession de
la R. P. R. du droit de presenter aux
Benefices qui dependent de leur Patronage. Il y a lieu de douter, si les
Evesques au defaut de ces Patrons,
qui sont incapables de presenter aux
Benefices de leur nomination, doivent conferer de plein droit les mêmes Benefices. Il semble que cela
leur appartient de Droit commun,
parce que le Patronage, qui est une
espece de servitude que l'Eglise tole-
re, cessant, les Evesques rentrent
dans leur ancien droit. Mais d'autre part, comme les Patrons Laïques ne jouïssent du droit de Patronage, qu'à cause de leurs Fiefs, il y
a bien de l'apparence que c'est au
Roi qui est leur souverain Seigneur,
à suppléer au defaut de ses Vassaux,

L 6

lors

lors qu'ils ne peuvent eux-mêmes exercer un droit qui est attaché à leurs Fiefs ; de la même maniere que le Roi en Normandie a le droit de Garde, & qu'en vertu de ce droit il est Patron à la place des Mineurs qui ont des Fiefs avec droit de Patronage, jusqu'à ce qu'ils soient Majeurs. Quoi qu'il en soit, il est certain que les Evesques sont maintenant en jouissance de ce droit, & qu'ils s'appuyent sur une Declaration du Roi, qu'ils pretendent estre en leur faveur. Il y a eu depuis peu un procés entre le Roi & Monsieur l'Archevesque de Roüen à l'occasion de la Cure d'Oinville, qui est en Patronage Huguenot, & à laquelle sa Majesté & Mr. l'Archevesque de Roüen avoient pourveu : ce qui marque assez, que le Roi veut rentrer dans son droit, ayant renvoyé de son Conseil cette affaire pour estre examinée dans le Grand Conseil. Au reste, les Pa-

trons

trons qui font profession de la R. P.
R. ont inventé une ruse pour conserver leur droit de Patronage : ils
vendent par un Contract simulé à
quelque Catholique de leurs parens
ou amis, leurs Fiefs avec les Patronages ; & ainsi ils en demeurent les
maistres, à moins qu'on ne decouvre
la supposition de leurs Contracts.
Venons maintenant aux Patronages
Ecclesiastiques.

Les Patronages Ecclesiastiques tirent leur origine du I. Concile d'O-
range, où il est permis aux Evesques
qui auront fondé des Eglises hors
de leur Diocese, d'y nommer des
personnes capables, pour estre en
suite ordonnées par les Evesques
Diocesains. Ce droit a passé insen-
siblement à tous les autres fondateurs : & il s'est enfin trouvé, que les
Communautés Regulieres ont aussi presenté aux Benefices dependans
de leurs Monasteres. L'on a fait en
leur faveur la regle qui porte, que

Origine
des Pa-
tronages
Ecclesia-
stiques.

L 7

les

les Benefices seculiers seront donnés
à des seculiers , & les Benefices en
Regle à des Reguliers. De droit tout
Benefice devroit appartenir aux seculiers , puis qu'il n'y a que les seculiers qui soient de droit capables des
emplois Ecclesiastiques , & que les
Religieux n'y sont entrés que par privilege & par dispense. Mais depuis
qu'il leur a esté permis de posseder
des terres , & mesme des Fiefs &
Seigneuries , ils ont eu plusieurs E-
glises en leur disposition , qu'ils ont
gouvernées par eux-mesmes , ou par
des Prestres seculiers. Ils ont pour
l'ordinaire donné les Paroisses à gouverner à des Prestres seculiers , en
leur fournissant une pension assez
modique ; & ils avoient mesme la liberté de les changer à leur volonté.
Mais il furent enfin obligés de mettre des Curés ou Vicaires perpetuels
dans leurs Eglises , pour empêcher
une infinité d'abus : & c'est de là que
sont veniies en partie les Cures aux-
quel-

quelles ils nomment en qualité de Patrons. A l'égard des Prieurés & autres Benefices auxquels ils nomment, ce n'estoit dans les commencemens que des Administrations ou Benefices manuels, qu'on appelloit pour cette raison *Obediences*; parce que les Religieux estoient appliqués à ces Offices par le commandement de leurs Abbés ou Superieurs, auxquels ils estoient obligés d'obeïr; & ils n'estoient dans ces emplois qu'autant de tems qu'il plaisoit aux Superieurs. On les nommoit *Præpositi* ou *Obedientiarii*, & leur soin estoit plutost pour le temporel que pour le spirituel. Quand il y avoit des terres éloignées du Monastere, il falloit y mettre quelque Religieux qui en prist le soin : & comme les Religieux ne devoient pas demeurer seuls, à moins qu'ils ne fussent Ermites ou Anachoretes, on leur donnoit des compagnons, dont il y en avoit un qui prenoit la qualité de *Præpositus,*

Origine des Prieurés.

tus, & ils appelloient les lieux où ils demeuroient, *Cellas*, *Grangias*, *Obedientias*, pour les distinguer du principal Monastere, dont ces Maisons n'estoient que des dependances. Voilà l'origine des Prieurés & autres petits Benefices des Monasteres, qui estoient manuels dans les commencemens & en Regle. Il semble mesme qu'il soit contre l'institution de la vie Religieuse, que les Religieux possedent en leur particulier des Benefices en titre, de la maniere qu'ils sont establis par le Droit nouveau : car ils sont les maistres de leur revenu ; ce qui est en quelque façon contraire au vœu de pauvreté qu'ils ont fait. Il est arrivé dans la suite du tems, que plusieurs de ces Prieurés ont esté conferés à des seculiers, soit à cause de la vie scandaleuse des Religieux qui les possedoient, ou pour d'autres raisons ; & par là ces Benefices sont sortis hors de la Regle. Il ne faut que 40. ans de posses-

possession , pour faire changer de nature aux Benefices. Cependant les
Religieux qui voyent que ces Benefices sont Reguliers par leur fondation,
font tout leur possible pour y rentrer , & ils n'espargnent rien pour
les tirer des mains des seculiers qui
les possedent , estant persuadés qu'ils
ne peuvent commettre aucune injustice , ni mesme aucune simonie ,
pour rentrer dans des biens qu'ils
pretendent appartenir à leur Eglise. Quand ces Benefices sont u-
ne fois possedés par quelque Religieux , il est difficile qu'ils puissent
retourner aux seculiers , parce qu'ils
deviennent en Regle , comme nous
avons déja remarqué , aprés 40. ans
de possession. Il arrive au contraire souvent , que les Benefices possedés par les seculiers tombent en
Regle , parce que les Communautés Regulieres s'accommodent avec
les seculiers par des pensions , ou
par d'autres voyes. Nous avons
donc

donc des regles generales pour distinguer les Benefices en Regle, de ceux qui n'y sont point, savoir la possession de 40. années; & au defaut de cette regle, tout Benefice est seculier de sa nature & de Droit commun.   Il n'y a que la fondation qui puisse monstrer qu'un Benefice soit en Regle; & alors le titre de la fondation deroge à l'ancien Droit commun.

Droit des Abbés Commendataires pour la nomination des Benefices.

Bien qu'il soit certain, que les Communautés Religieuses & Regulieres pourvoient à plusieurs Benefices en qualité de Patrons, il ne laisse pas d'y avoir de grandes difficultés, pour savoir à qui appartient ce droit de Patronage depuis l'establissement des Commendes perpetuelles; & il y a souvent des procés sur ce sujet entre les Abbés Commendataires & les Religieux. Mais il est aisé de resoudre toutes ces difficultés, en establissant quelques principes dont on ne peut douter.   Il ne faut point considerer

les

les Commendes d'aujourdhui comme de simples deposts, mais comme
de veritables titres, ainsi qu'il est porté dans toutes les Bulles de Commende. Si les Commendes n'é-
toient que de simples deposts, les
Commendataires n'auroient pas,
comme on dit communément, *jus
in re*, mais simplement la garde,
ou *custodiam Commendæ*; & par consequent ils ne pourroient disposer des
Benefices, puis que ces sortes de
Commendes ou Deposts ne sont que
pour un tems. Il n'en va pas de mesme des Commendes dont il est question, parce qu'elles sont *ad vitam*,
& qu'elles ne gardent que le nom
seul de Commende, estant en effet
des titres veritables, qui donnent
aux Abbés Commendataires tous les
droits dont jouïssoient les Abbés Reguliers, aux droits desquels ils sont
subrogés. Ce principe, qui est in-
contestable, estant supposé, il est aisé de voir à qui appartient le droit de
Pa-

Patronage, si c'est à l'Abbé Commendataire seul, ou aux Religieux conjointement avec lui. Il ne faut pour cela que consulter le droit des Abbés Reguliers de chaque Ordre. Si les Constitutions & l'usage de l'Ordre attribüent à l'Abbé seul les droits honorifiques, il n'y a pas de doute que l'Abbé Commendataire ne doive joüir des mêmes droits. Si au contraire l'Abbé Regulier ne peut joüir de ces droits que du consentement de sa Communauté, & qu'il n'en soit pas le maistre absolu; il les faut partager entre lui & sa Communauté, de la mesme maniere que les biens temporels : car alors la Regle donne aux Religieux le mesme pouvoir à l'égard de leur Abbé, que le Droit commun donne aux Chanoines à l'égard de leur Evesque. Il faut cependant prendre garde, qu'il ne suffit pas pour establir le droit des Religieux, de prouver que leurs Abbés ayent pris le conseil, ou mesme le

con-

consentement de la Communauté,
lors qu'il a esté question de nommer
aux Benefices ; car plusieurs l'ont pû
faire, sans qu'ils y fussent obligés par
leurs Constitutions : mais il faut de
plus faire voir, que leurs nominations auroient esté nulles sans le consentement de la Communauté. La
raison de cette maxime, est parce
que le Droit commun & les Bulles
des Papes donnent tous les droits
honorifiques aux Abbés ; & ainsi
l'on ne peut pas y deroger que pour
de grandes raisons. Il est constant,
que les premiers Moines estoient entierement soûmis à leurs Abbés pour
tout ce qui regardoit leurs fonctions
& emplois. Saint Benoist a aussi
reservé à l'Abbé cette superiorité sur
les Religieux : & lors que cet Ordre
a commencé à recevoir des terres, &
qu'il a esté necessaire d'en donner
l'intendance à quelques Moines en
particulier, l'Abbé seul leur a donné ces commissions, qui n'ont
esté

esté d'abord que des Administrations, puis elles sont deveniies Benefices.   Je ne doute point que les
Bulles des Papes, qui sont beaucoup
favorables aux Abbés Commendataires, ne soient fondées sur cet ancien droit des Abbés Reguliers : mais
pour ce qui regarde les biens temporels, les mesmes Bulles des Papes ne
leur permettent pas de les aliener,
parce qu'ils appartiennent à toute la
Communauté, & non à l'Abbé seul.
C'est pourquoi, lors qu'il s'agit de
vendre ou d'aliener le bien de l'Abbaye, l'Abbé n'est pas alors le maî-
tre, il est necessaire que sa Communauté y consente.   C'est pour cette
raison, que les Abbés Commendataires sont obligés de partager les
biens & revenus des Abbayes avec
les Moines, ou leur donner en argent en forme de subside, ce que
leur portion peut valoir : & bien qu'ils
vueillent bien se contenter d'une
pension annuelle, ils ne laissent pas
d'avoir

d'avoir toujours les mesmes droits sur les terres & héritages. Il est de leur interest, de prendre garde qu'elles ne deperissent entre les mains de l'Abbé, d'autant que leur portion diminuant par la diminution des revenus de l'Abbaye, la pension diminüeroit en mesme tems. Les Abbés mesmes ne peuvent empescher que les Moines ne prennent connoissance des Baux qu'ils font des biens de leur Abbaye, & d'avoir toujours l'oeil sur leurs actions, parce qu'ils sont dans le mesme droit que les Abbés pour la jouïssance des revenus du Monastere.

Ce droit commun des Abbés & des Religieux à l'égard des biens temporels des Abbayes, a donné lieu aux Concordats & Transactions qui se font entre eux pour la partition des biens. En France le revenu de l'Abbaye se divise en trois portions, dont il y en a une pour les Religieux, une pour les charges, &

Concordats entre les Abbés & les Moines.

l'autre

l'autre pour l'Abbé. Mais les Abbés jouissent ordinairement de deux portions, parce qu'ils s'obligent à acquiter les charges ; & s'ils ne le font point, l'on peut mettre en séquestre le tiers du revenu, jusqu'à ce qu'elles soient acquitées. Il est facile sur ce pied-là de decider les difficultés qui pourroient naistre entre l'Abbé & les Religieux touchant la partition des biens : il n'y a qu'à donner le tiers aux Moines, & les deux autres tiers à l'Abbé, qui est obligé aux reparations des bastimens, au payement des decimes, & aux autres charges. A l'égard des droits honorifiques, ils ne doivent point tomber en partage, puis qu'ils appartiennent tous de Droit commun à l'Abbé seul, lequel peut les ceder ou en partie, ou tout-à-fait à ses Religieux : mais cette cession gratuite ne nuit point aux droits des Successeurs, parce que l'Abbé ne peut disposer que pendant sa vie,

vie, des droits qui sont attachés à
sa personne ; & les Moines n'en
peuvent joüir aprés la mort de celui qui les leur a cedés, d'autant
que la cession n'a plus de lieu. Il
n'en va pas de mesme des Concordats ou Transactions, parce que
toute Transaction suppose le droit
des deux parties qui se sont accom-
modées ; & ainsi le Concordat sub-
sistera toujours à l'égard des Religieux, bien que l'Abbé soit mort,
jusqu'à ce qu'il soit rompu par son
Successeur. En France les Abbés
peuvent rompre les Concordats de
leurs Predecesseurs, principalement quand ils croyent estre le-
sés. Nous avons plusieurs exemples de cet usage : & il semble qu'il
y ait raison de le faire, parce que
les Abbés peuvent s'accommoder
secretement avec les Moines, &
profiter de cet accommodement
au prejudice de leurs Successeurs :
c'est pourquoi les Abbés sont en

M

droit

droit de rompre les Concordats, de leurs Predecesseurs. Il est plus difficile de rompre ces sortes de Transactions, quand elles ont esté homologuées en Cour de Rome & dans les Parlemens avec connoissance de cause ; car alors elles deviennent réelles, & obligent par conséquent les Successeurs. En ce cas-là, les Abbés ne peuvent faire rescission de Concordat, qu'aprés avoir obtenu un Rescrit du Pape & des Lettres des Parlemens sur une Requeste Civile.

Au reste, il faut prendre garde, que l'on insere souvent dans les Concordats avec la partition des biens celle des droits honorifiques, & principalement des presentations aux Benefices, comme si cela se pouvoit partager entre l'Abbé & les Religieux. C'est une clause vicieuse dans les Concordats, parce qu'il est de la nature du Concordat, que ceux qui transigent ayent quelque droit à la chose

chose dont ils transigent ; autrement
ce n'est plus un Concordat , mais
une cession.   Cette maxime , qui
est indubitable , estant supposée , il
est aisé de resoudre les difficultés qui
se rencontrent tous les jours entre les
Evesques & les Communautés Religieuses pendant la vacance du Siege
Abbatial.   Les Ordinaires pourvoyent aux Benefices qui vaquent
dans ce tems-là , & les Moines y
nomment aussi de leur costé : ce qui
cause tous les jours de grands procés,
& il semble qu'il n'y ait encore rien
de constant & d'arresté sur cela. Mais
selon le principe que nous avons establi, il n'y a pas de doute que lors que
la Communauté Religieuse presente
aux Benefices conjointement avec
l'Abbé, elle y doit encore presenter
pendant la vacance , parce qu'un
des presentateurs suffit au defaut de
l'autre. Mais quand l'Abbé seul nomme aux Benefices, & qu'il vient à
mourir , les Ordinaires rentrent

M 2   dans

dans leur droit commun, & conferent de plein droit, parce que le Patronage ou droit de presenter cesse
par la mort du Patron.   Il ne faut
pas appeller ce droit des Ordinaires, ou droit des Communautés Religieuses, devolution : car la devolution n'a lieu, que lors qu'il y a
de la negligence de la part des Patrons ou des Collateurs ; & alors
leur droit est devolu au Superieur
immediat.   Dans la question que
nous examinons, il n'y a aucune negligence ; & ceux qui disent que le
droit est devolu dans ces occasions-
là à l'Ordinaire, ou au Chapitre des
Religieux , parlent fort impropre-
ment.   Il est beaucoup mieux de
dire, que l'Ordinaire, ou le Chapitre des Religieux pourvoyent alors
de Droit commun aux Benefices.
Les Religieux opposent inutilement
aux Ordinaires leurs Concordats ,
ou les droits de leur Chapitre, parce que , comme nous avons déja
remar-

remarqué , le Chapitre n'a aucun pouvoir , *Sede vacante* , que dans les Benefices où il nomme conjointement avec l'Abbé : & pour ce qui est du Concordat , il n'y en a pû avoir que pour ce qui appartient en commun à l'Abbé & aux Religieux. Or la presentation aux Benefices & les autres droits honorifiques estant seulement à la personne de l'Abbé, ils n'ont pû entrer en partage , & par consequent l'on n'a pû en transiger. Ajoutons à cela , que les Ordinaires ont un droit acquis sur tous les Benefices de leur Diocese, quand il n'y a point de Patron : car alors ils les conferent de plein droit ; & ainsi les Abbés ne peuvent pas donner un droit qui n'est pas à eux.

Ce que nous avons dit des Abbés Commendataires , doit estre appliqué aux Prieurs qui ont des Moines dans leurs Prieurés ; car le partage des biens se doit faire de la mesme

Des Prieurs parmi les Moines.

ma-

maniere. Il est à propos de remarquer, que parmi les Religieux il y a
de deux sortes de Prieurs, savoir les
Prieurs Conventuels & les Prieurs
Claustraux. Les Prieurs Claustraux
gouvernent l'Abbaye en l'absence de
l'Abbé, & pendant la vacance du
Siege Abbatial, comme il arrive tant
que la Commende dure. Les
Prieurs Conventuels sont Chefs des
Maisons dependantes des Abbayes,
d'autant que, comme nous avons dit
ci-dessus, l'on envoyoit des Moines
pour avoir soin du revenu de ces Maisons; & il y en avoit un parmi eux à
qui les autres obeïssoient, d'où est enfin venu le nom de Prieur : & c'est
de là que les Prieurés qu'on nomme
simples aujourdhui, & les Chapelles tirent leur origine, parce qu'on
les a secularisés. Or comme il s'est
trouvé que quelques-uns de ces
Prieurés estoient considerables, ils
ont esté électifs de la mesme maniere
que les Abbayes. C'est pourquoi
ils

ils font à la nomination du Roi, auffi
bien que les Abbayes ; & le Pape y
pourvoit avec cette difference feulement, que les Evefchés & les Abbayes fe donnent en plein Confiftoi-
re, & les Prieurés en Chambre. J'ai
dit que les Prieurs Clauftraux gouvernent l'Abbaye pendant qu'elle eft
en Commende ; ce qui fe doit entendre du gouvernement pour la Difcipline Monaftique : car quoi que les
Abbés Commendataires foient fub-
rogés aux droits des Abbés Reguliers,
l'on n'a pas pourtant trouvé à propos
de leur foumettre les Religieux en ce
qui regardoit la Regle. Ils s'attri-
buent neanmoins le pouvoir d'infti-
tuer & de deftituer les Prieurs Clauftraux conformément aux termes de
leurs Bulles, qui leur donnent toute
l'autorité fur les Moines. Mais ce
pouvoir a efté modifié principalement à l'égard des Religieux qui vivent en Congregation, comme font
en France les Religieux Benedictins

M 4 de

de la Congregation de Saint Maur,
lesquels élisent leurs Prieurs Clauftraux. Dans les commencemens
chaque Abbé eftoit le maiftre abfolu
dans fon Monaftere , & independ-
ant de tout autre. Les Prieurs & les
autres Officiers Clauftraux dependoient de lui feul , & ne reconnoif-
foient point d'autre Superieur Regulier que leur Abbé. Mais les Reformés de Cluni & de Cifteaux apporterent du changement dans l'ancien
gouvernement. Les Monafteres
qui fuivirent cette Reforme fe fou-
mirent en mefme tems aux Abbés de Cluni & de Cifteaux , qui
eftoient comme les Generaux de
tous les autres Abbés & Prieurs ; &
par cette voye ils fe rendirent dependans d'eux.

De plus, les Chefs pour eftre in-
dependans des Evefques , s'exemp-
terent de leur Jurifdiction ; ce qui
fit une efpece de nouvelle Hierar-
chie dans l'Eglife : car au lieu qu'au
pa-

paravant les Moines dependoient pour la Regle, de leur Abbé, & pour tout le reste, des Evesques des Dioceses où ils estoient establis, ils firent un corps particulier dans l'Eglise, qui ne reconnut point d'autres Evesques pour Superieurs, que le Pape; & pour gouverner ce corps, ils firent une forme de petits Conciles, qu'ils appellerent Chapitres Generaux : & les Papes donnerent aux Chefs de ces Ordres de grands priviléges, qui ont beaucoup derogé à la Jurisdiction des Ordinaires. Cette Reforme a esté trouvée si utile pour tenir les Moines dans leur devoir, qu'elle a non seulement passé aux autres Religieux, qui pretendoient estre exempts de tenir ces sortes de Chapitres, mais elle s'est encore augmentée principalement depuis le Concile de Trente, qui veut que les Moines vivent en Congregation. C'est de cette maniere que s'est establie

M 5

en

en France la Reforme qu'on nomme la Congregation de St. Maur, sous les Papes Gregoire X V. & Urbain VIII. qui donnerent pouvoir à cette nouvelle Congregation dans leurs Bulles d'érection, d'y aggreger les Monasteres qui voudroient accepter la Reforme. En quoi ils ont merveilleusement profité : car ils possedent maintenant toutes les bonnes Abbayes du Royaume. Ils ne dependent point des Evesques, mais du Pape immediatement ; & ils sont gouvernés par un General, qu'on élit de trois ans en trois ans selon les regles du Droit Canon. De plus, ils ont comme les autres Religieux modernes, des Provinciaux, des Assistans & des Definiteurs.

J'ai rapporté ceci, afin qu'on ne regle pas les droits des Abbés Commendataires sur ce qui s'observe aujourdhui parmi les Moines, mais sur ce qui estoit en usage avant toutes ces Reformes. Les Papes, qui sont les
Ab-

Abbés Commendataires, leur ont
osté en France quelques droits pour
les donner aux Religieux de la Congregation de St. Maur : car ils ne
leur laissent pas seulement la liberté
d'élire les Prieurs Claustraux inde-
pendemment de l'Abbé , mais ils
ont de plus uni à la Mense Conven-
tuelle les Offices Claustraux, dont
les Abbés disposoient de Droit commun avant la Reforme , aussi-bien
que de tous les Benefices de leur Abbaye. Il faut pourtant limiter le pouvoir des Abbés Commendataires
sur les Religieux selon les Bulles des
Papes qui ont esté reçuës en France,
& savoir en quoi ils ont derogé à la
Bulle de la Commende, qui donne
aux Commendataires tout pouvoir
tant au spirituel qu'au temporel. Par
le spirituel les Abbés Commendataires ont voulu entendre la presentation ou collation des Benefices , &
la Jurisdiction à l'égard des Moines.
Ils ont pretendu que l'institution &

Deroga-
tion aux
droits
des Ab-
bés Com-
menda-
taires.

de-

destitution des Prieurs Clauſtraux
dependoit d'eux, que le droit de viſi-
te & correction leur appartenoit, en
un mot, qu'eſtant ſubrogés aux droits
des Abbés Reguliers, ils devoient a-
voir la meſme autorité & Juriſdiction. Mais Fagnani rapporte une
Bulle d'Innocent X. en faveur des
Moines de Ciſteaux contre un Abbé
Commendataire qui s'attribuoit tous
les droits dont nous venons de parler. Il eſt ordonné dans cette Bulle, que les Abbés Commendataires
n'exerceront aucune Juriſdiction ſur
les Moines ; que l'Abbé de Ciſteaux
& les autres Abbés Reguliers de cet
Ordre viſiteront chacun leur Di-
ſtrict, ou qu'ils commettront des
Viſiteurs ; & que la Juriſdiction
ſpirituelle ſur les Moines ne ſera
point adminiſtrée par les Abbés
Commendataires. Il ne touche
point à la nomination ni à la collation des Benefices, parce qu'il eſt
hors de doute qu'elle appartient de

droit

droit à l'Abbé Commendataire, comme elle estoit auparavant aux Abbés Reguliers, qui avoient dans les commencemens une autorité souveraine sur les Religieux : & les Religieux au contraire n'en avoient aucune sur lui, ainsi qu'il paroit de l'Epistre du Pape Pelage rapportée par Gratien contre les Moines, qui sous pretexte qu'ils avoient élû leurs Abbés, vouloient les destituer, & en élire d'autres en leur place qui s'accommodassent à leur façon de vivre. (1) *Nullam potestatem de cætero*, dit le Pape Pelage, *nullam licentiam Monachis relinquimus pro arbitrio suo aut Abbates expellere, aut sibimet alios ordinare, quia nulla autoritas remanebit Abbati, si Monachorum potestati cœperit subjacere, ut de cætero fideliter & studiosè universa quæ vel ad divini cultus reverentiam, vel ad utilitatem ejusdem Monasterii per-*

(1) *Gratien* 18.*q.* 2.*c. Nullam.*

pertinerent, *Abbatis sollicitudo, ad quem potestas tota pertinere convenit, debeat adimplere.* L'on doit remarquer principalement ces paroles, *Abbatis sollicitudo, ad quem potestas tota pertinere convenit.* Et les Abbés Commendataires, qui sont subrogés par une dispense des Papes aux droits des Abbés Reguliers, ont de Droit commun le mesme pouvoir absolu, & doivent par consequent pourvoir à tous les Benefices de l'Abbaye, sans que les Religieux puissent s'y opposer, à moins qu'il n'y ait un usage contraire qui ait derogé au Droit commun, lequel donne tout le pouvoir à l'Abbé, & non aux Moines.

Des Reguliers. Je ne dirai rien ici des autres Religieux qu'on nomme ordinairement Reguliers, parce qu'une bonne partie de ce que nous avons remarqué peut leur estre appliqué facilement. Il est vrai que dans le Droit Canon les Moines & les Reguliers sont assez

souvent

souvent distingués, mais ils y sont aussi souvent compris sous les mesmes
Regles; & ce qui fait leur difference, n'est pas considerale pour le sujet que nous traitons. Les Chanoines mesme qu'on appelle Reguliers,
& qui prennent la qualité de Clercs
Reguliers, menent aujourdhui une
vie qui ressemble plus à celle des
Moines, qu'à celle des Clercs : car
ils vivent separément dans leurs Monasteres, & sont soumis à leurs Abbé ou Prieurs. Ils ne sont plus dans
les Eglises Cathedrales sous la direction de leurs Evesques; & bien loin
d'estre employés par eux aux fonctions Ecclesiastiques, ils sont entierement dependans de leurs Superieurs Reguliers, qui disposent de
leurs personnes & de leurs emplois.
C'est pourquoi l'on ne doit point
trouver estrange, que nous mettions
au nombre des Moines tous les Reguliers, parce qu'ils ne different point
entre eux, comme l'ont observé les
plus

(1) *Ho-
ftien. Pa-
norm.*

plus favans (1) Canoniftes , fi ce
n'eft en de certains cas exprimés
dans le Droit, *exceptis cafibus in jure
expreffis.* C'eft ce qui me fait croire , que les Abbés ou Prieurs des
Chanoines Reguliers devroient avoir
de Droit commun , auffi-bien que
les Abbés parmi les Moines, tout le
gouvernement tant dans le temporel que dans le fpirituel, & partant
qu'il leur appartient de difpofer de
tous les Benefices & Offices de
leur Communauté : mais ils ont fui-
vi la Reforme, qui les foumet à des
Conftitutions entierement oppofées
à l'ancien Droit commun des Abbés.
Nous voyons que l'Abbé de Ste. Geneviéve de Paris eft électif, & qu'on
procede tous les trois ans à une nouvelle élection. En un mot, ils vivent en Congregation , & ont des
Chapitres Generaux qui reglent les
affaires les plus importantes de leur
Ordre : ce qui eft bien éloigné du
droit ancien des Abbés. Auffi ne
faut-

faut-il pas s'imaginer, que si l'Abbaye de Ste. Geneviéve retournoit en
Commende, les Abbés Commendataires deussent estre obligés à partager leur Jurisdiction avec les Religieux : mais il faudroit remonter à
l'ancien droit des Abbés, & voir
seulement en quoi les Papes y auroient derogé en faveur des Religieux qui vivent en Congregation.
Mais comme l'on a déja remarqué,
l'on n'a osté aux Abbés Commendataires que la Jurisdiction qui regardoit la
Discipline Monastique. Bien que j'aye
souvent parlé des Abbés Commendataires & des droits qui leur appartiennent, je n'ai pas crû qu'il fust à propos d'examiner en particulier, si leur
titre est Canonique, parce que cela
m'auroit éloigné de mon sujet, & qu'il
suffit que le Droit nouveau l'ait établi.

Il est vrai que dans les commencemens, on a beaucoup declamé con-
tré les Commendes; & il se trouve encore aujourdhui plusieurs personnes

Comparaison des Abbés Commendataires & des Abbés Reguliers.

qui

qui ne les peuvent approuver : mais
si l'on faisoit l'histoire des Abbés Reguliers, comme l'on a fait celle des
Abbés Commendataires, l'on trou-
veroit que les abus ont encore esté
plus grands dans l'Eglise sous les Abbés Reguliers, qu'ils ne sont aujourdhui sous les Abbés Commendataires. Les Abbés Commendataires
n'ont en leur disposition que la troisiéme partie du revenu de leurs Abbayes : la seconde portion est desti-
née à la subsistence des Religieux : &
la troisieme aux charges. Les Abbés
Reguliers avoient au contraire en
leur disposition tout le bien de leurs
Abbayes, ils faisoient mourir de faim
les Moines, & dissipoient tout le
revenu, en menant une vie fort é-
loignée de leur profession. La difference donc qu'il y a entre les Abbés Commendataires & les Abbés
Reguliers, c'est qu'il n'y a qu'un tiers
de l'Abbaye qui soit pour l'utilité des
premiers, & toute l'Abbaye estoit
pour

pour l'utilité des autres. Il est vrai que les Abbés Reguliers n'avoient pas de Bulles qui leur donnassent les Revenus de leurs Abbayes *in utilitatem persona*; mais ils ne laissoient pas d'en disposer de la mesme maniere que si ces biens avoient esté à eux en propre : au lieu que les Bulles des Abbés Commendataires ont destiné la meilleure partie du revenu des Abbayes aux pauvres, aux Moines & aux Eglises. Je suis persuadé, que les Religieux ne souhaittent pas qu'on restablisse les Abbés Reguliers avec le pouvoir qu'ils avoient autrefois. Si cela arrivoit, le tiers dont ils jouissent paisiblement maintenant & sans aucunes charges, ne seroit plus en leur disposition, mais en celle de l'Abbé, qui les gouverneroit à sa fantaisie. Je n'avance rien qui n'ait déja esté dit avant moi par les plus zelés Religieux Benedictins, qui se font plaints souvent de la dureté avec laquelle leurs

Ab-

Descrip-
tion de la
vie des
Abbés
Regu-
liers.

Abbés les traitoient, & de la dissipation qu'ils faisoient des revenus de
leurs Abbayes. Pour n'estre pas
long, je me contenterai de rapporter ici quelques paroles de l'Abbé Tritheme sur ce sujet, & de
renvoyer le Lecteur aux Ouvra-
ges qu'il a composés pour la reformation de son Ordre, & principalement des Abbés Reguliers de son
tems.

Tout le monde sait, que Jean
Tritheme estoit Religieux Benedic-
tin, & un des plus celebres Abbés
Reguliers de cet Ordre. Il s'est
trouvé à plusieurs Chapitres Generaux, & a presidé à quelques-uns.
Nous avons encore des Harangues
qu'il a prononcées, où il descrit au
long les desordres de ses Confreres,
qui vivoient d'une maniere plus seculiere, que ne font aujourdhui les Abbés Commendataires. (1) Il leur
reproche de n'avoir ni science ni
pieté, mais d'estre entierement a-
don-

(1)*Trith.*
Orat. 2.
ann.
1492.

donnés aux biens de la terre, de
ne songer qu'à amasser des richesses
& à se divertir. Il leur represente
la sainteté & les autres vertus de leurs
anciens Peres, (1) & fait voir en
mesme tems, combien leur Ordre
s'estoit relasché, en les apostrophant
de cette sorte dans une Assemblée :
O vos Abbates idiotæ & scientiæ salu-
taris inimici, qui diem obscænis
amoribus consumitis, qui vinum in
saturitate bibitis, qui terrenis lucris
intenditis, qui ad tabulam stolidi lu-
ditis ; quid respondebitis Deo & Le-
gislatori vestro Benedicto ? Cette corruption estoit si generale, qu'il assure
que de dix mille Monasteres il n'y en
avoit pas mille qui gardassent tant
soit peu la Regle ; mais que les Abbés estoient tous plongés dans les
debauches, *voluptatibus carnis sub-*
mersi : & il leur applique ces
vers.

(1) *Orat.*
2. *ann.*
1493.

Ne-

Neglecto Superum cultu , spreto-
que Tonantis

Imperio , Baccho indulgent , Ve-
nerique ministrant ,

Sacra ferunt auro , nummis alta-
ria vendunt ,

Auro vina libant , auro laquearia
fulgent.

Scorta tegunt gemmis , canibus
convivia ponunt ,

Exuviis inopum culti ditesque ra-
pinis

Successu elati Superos Acheronta-
que rident.

Voilà la description que l'Abbé
Tritheme fait des Abbés Reguliers de
son tems dans une Harangue qu'il
prononce en leur presence ; & il
ajoute au mesme endroit, (1) que
ceux qui se disoient reformés ne va-
loient pas mieux que les autres. Le
mesme Abbé decrit assez au long
dans une (2) autre Harangue la dureté

(1) *Qui*
nomine
reforma-
ti , re au-
tem ipsâ
deformati
sunt.
(2) Orat.
4. *ann.*
1496.

reté des Abbés envers les Religieux,
qu'ils obligeoient à jeûner, pendant
qu'eux faisoient bonne chere avec
des personnes de dehors qu'ils con-
vioient à leurs tables, & s'exemptoient par là des jeûnes ordinaires
sous pretexte d'hospitalité. Il leur
reproche de n'estre pas de veritables
Abbés, puis qu'ils ne tenoient pas la
place de Peres à l'égard de leurs Moines, auxquels ils denioient le necessaire : *Necessaria fratribus tuis ali-
menta subtrahis, vilia & insipida
largiris : tu optimo vino stomachum
tuum satias, fratribus quod dete-
rius est subministras.* Aprés cela je ne croi pas que les Moines
qui vivent aujourdhui sous les Abbés Commendataires, souhaittent
d'estre gouvernés par des Abbés
Reguliers, qui les ont traités **plutost**
comme des Esclaves que comme des
Enfans. Et il ne faut pas s'imaginer, que cet abus ait esté seulement
du tems de l'Abbé Tritheme : mais

ce

ce savant Abbé estoit touché des desordres dont il estoit temoin, & ne pouvant les souffrir, il écrivit une Lettre qui a pour titre, *Liber Penthicus de ruina Monastici Ordinis,* dans laquelle il deplore l'estat pitoyable où estoit reduit l'Ordre de St. Benoist : & (1) il dit librement, que l'Eglise n'avoit nullement besoin des Moines : & comme beaucoup de Moines quittoient leur profession pour se faire Chanoines, il les appelle Apostats, nonobstant les dispenses qu'ils avoient obtenües des Papes. La plus grande partie de ces maux dans les Monasteres venoit des élections, parce que (2) les Moines qui estoient mechants, ne pouvoient élire qu'un mechant Abbé.

Enfin la vanité des Moines & des Abbés estoit alors si excessive, que selon le mesme Auteur, les Moines ne vouloient point qu'on les appellast Moines. Ils avoient en horreur un si saint nom : *Sanctum nomen quasi*

(1) *Trith. de ruina Monast. Ord. c. 2. Ut breviter dicam quid sentio, nec Monachis Ecclesiæ, nec Ecclesiis Monachi digni sunt.*

(2) *Quales Monachi, talis Abbas Monachorum.*

quasi stultitiam abominantur. Les Abbés ne vouloient pas aussi qu'on les nommast Abbés, & croyoient qu'on leur faisoit une grande injure, quand on leur donnoit cette qualité: *Abbates nostri nomen suum tanquam indignum judicantes, gratiosi Domini vocantur; & si contigerit eos similiter appellari Dominos Abbates, indignantur, & vocantem se aspernantur, & avertuntur tanquam magnam passi injuriam.* De plus, les Abbés Reguliers de ce tems-là se mettoient en colere, quand on les appelloit *Monsieur l'Abbé*; & aujourdhui les Ecclesiastiques de qualité estiment ce nom fort honorable. Mais ce qui est encore plus estonnant, ils avoient plus de gens à leur suite, que les Evêques les plus riches; & il arrivoit assez souvent, qu'un miserable qui avoit esté élû Abbé, avoit un train d'Archevesque: *Videres,* continüe l'Abbé Tritheme, *famulos eorum flectere genua, deponere capucia sua, & se inclinare; non Abbates,*

 sed

sed Archiepiscopos putares. O va-
nitas insana! Filius pauperis sutoris
Abbas factus, Dominus gratiosus no-
minatur. Et afin que rien ne man-
quast au divertissement des Abbés
Reguliers, ils alloient aux bains avec
grand équipage & en bonne com-
pagnie, ainsi que le mesme Abbé
leur reproche dans une de ses Harangues: (1) *Ad Thermas sumptuosè*
properas, socios & socias vocas. Voilà l'estat où se trouvoient les Monasteres & les Abbés Reguliers, lors
qu'on establit les Abbés Commendataires. Je laisse au Lecteur à comparer les uns avec les autres. Je ne
pretens point pour cela justifier la
Commende, ni les vices des Abbés
Commendataires. Mon dessein a
esté seulement, de faire voir qu'il ne
faut pas toujours juger des choses par
l'abus que les personnes en font; &
que si l'on donnoit au Public l'Histoire de l'Abbé Regulier, comme
on en a eu le dessein, tout le monde
seroit

(1)Trith. Orat. 4.

seroit persuadé que les Abbés Reguliers n'ont pas esté plus gens de bien que les Abbés Commendataires ; & que ce seroit enfin une tres-mauvaise reforme dans l'Eglise, si l'on vouloit remettre les Abbayes en Regle de la maniere qu'elles ont esté. L'on pourroit dire alors, *Erit novissimus error pejor priore.* Pour faire une reformation utile à l'Eglise, il faut remonter jusqu'au Droit le plus ancien, qui soumet les Moines à la Jurisdiction des Evesques, & establit en mesme tems une independance entre les Maisons, comme elle estoit dans les commencemens. Chaque Monastere obeïroit à son Superieur ou Abbé, & les Superieurs ou Abbés obeïroient aux Evesques, qui visiteroient les Monasteres tant pour le spirituel que pour le temporel. Ce seroit le moyen d'empescher le desordre & la dissipation des revenus, dont une bonne partie est employée à des voyages inutiles, & à tenir des

N 2

Cha-

Chapitres Generaux. Il n'est pas besoin de nous estendre davantage sur cette matiere, qui demande un Traité particulier.

Ordres militaires.Outre les Moines & les Reguliers dont nous avons parlé, il y a une autre sorte de Religieux, qui se nomment, selon leur institution, de St. Jean de Jerusalem, d'où ont pris leur origine ceux que nous nommons Chevaliers de Malte. Cet Ordre est fort different des autres Religieux, & leurs Benefices different aussi beaucoup de la nature de tous les autres Benefices. Ce sont plutost des Administrations d'Hospitaux, que des Benefices : & en effet, cet Ordre a commencé par un Hospital qu'on bastit à Jerusalem, pour y recevoir ceux qui alloient visiter les Saints Lieux. La fondation des Hospitaux pour loger les Estrangers, est assez ancienne, & il y avoit ou dans la maison de l'Evesque, ou dans quelque autre endroit, des lieux destinés à cela,

pour

pour traiter les malades, & pour exercer les autres œuvres de charité, à
quoi l'on employoit une partie du revenu de chaque Eglise : puis dans la
suite du tems on les distingua du revenu commun des Eglises, & plusieurs
particuliers donnoient des terres &
des heritages pour en faire des lieux
de pieté à l'imitation des Monasteres.
L'on ne peut pas dire que ce soit proprement des Benefices, puis que leur
bien n'est pas destiné aux Ecclesiastiques, mais à toutes les personnes qui
sont dans la misere. Aussi y a-t-il autant de sortes d'Hospitaux, qu'il y a de
sortes de miseres. Au commencement
l'Evesque estoit chargé du soin de ces
Hospitaux, parce qu'il devoit pourvoir
aux necessités des pauvres & de tous
ceux qui estoient dans quelque misere, aussi bien qu'à la subsistence des
Clercs. Mais les Religieux de l'Hospital de St. Jean de Jerusalem firent
un corps particulier dans l'Eglise, qui
a encore aujourdhui ses Constitutions

N 3 par-

particulieres. Il n'y a à proprement parler, qu'un seul Hospital dans tout l'Ordre, & cet Hospital est presentement reputé estre à Malte. Tous les autres Hospitaux particuliers, ou Commanderies, ne sont que les membres de cet Hospital, d'où ils dependent : c'est ce qui fait que leur revenu appartient de droit au Thresor commun de l'Ordre.

Origine des Commanderies.

Je croi qu'on peut comparer les Commanderies aux Prieurés Conventuels des Moines, qui n'estoient au commencement que des Administrateurs du revenu de certains lieux éloignés du principal Monastere. Comme l'on mettoit des Moines dans ces maisons-là pour avoir soin du bien, de mesme l'on a esté obligé d'envoyer des Chevaliers dans les lieux où l'Ordre avoit des terres. Le nom même de *Commandeur* a assez de rapport avec celui de *Præpositus*, qu'on donnoit aux Moines qui gouvernoient le bien de ces maisons

fons éloignées. De plus, leur administration s'appelloit *Obedientia*,
parce qu'ils dependoient entierement de l'Abbé qui leur donnoit cette Commission. Il en est de mesme
des simples Commandeurs de Malte, qui font plutost des Fermiers de
l'Ordre, que des Beneficiers. Ils
ont neanmoins converti leurs Commissions ou Fermes en une espece de
Benefices, en donnant un certain
tribut au Thresor commun de l'Ordre; & ils appellent ce tribut Ref-
ponsion.

Il faut donc mettre de la difference entre les Hospitaux qui font seculiers de leur fondation, & les Hospitaux Reguliers qui font possedés
par des Religieux, comme font les
Commanderies dont nous parlons,
lesquelles font affectées aux Religieux de l'Ordre, & elles ne peuvent point estre possedées par d'autres. Il est mesme necessaire, que
ceux de l'Ordre ayent de certaines

 qua-

qualités pour en joüir paisiblement,
& leurs Benefices ne sont pas tous
de la mesme nature. C'est pourquoi l'on remarquera, qu'il y a parmi eux des Chevaliers, des Chapel-
lains & des Freres Servans, & qu'il
y a des Commanderies ou des revenus affectés à ces trois differentes
qualités. Il y a outre cela les grands
Officiers, dont le premier est celui
qu'on nomme aujourdhui Grand
Maistre de l'Ordre, qui est le Chef;
& c'estoit dans les commencemens
le Maistre de l'Hospital : sous lui sont
les grands Officiers de l'Ordre, qui
sont la plus-part des Officiers militai-
res, à cause des emplois où ils sont
destinés, comme sont l'Amiral, le
Mareschal & les autres. Je ne dirai rien ici des Baillifs ou Prieurs
Conventuels qui sont de la grande
Croix, ni de leurs autres Officiers,
parce que l'institution de leur Ordre
& leurs Reglemens sont imprimés.
J'ajouterai seulement qu'on doit

pren-

prendre garde, que quoi que cet Ordre soit composé de tant de Nations, ce n'est pourtant qu'un seul Convent divisé en plusieurs Langues. Chaque Langue contient plusieurs Provinces, & dans chaque Province il y a un grand Prieur qui tient de tems en tems le Chapitre Provincial. Pour avoir une Commanderie, il faut estre de la Nation où est située la Commanderie, avoir fait ses Caravanes, qui consistent en un service de quelques années à Malte, & estre de la qualité requise par la Commanderie, & de plus ils sont liés par de certains statuts; mais l'on y deroge souvent à la recommandation des Princes, qui ont mesme fait des Concordats avec les Chevaliers de Malte, aussi-bien qu'avec les Papes.

Il y a une autre sorte de Chevaliers qui jouïssent aussi des biens Ecclesiastiques, & qui cependant semblent n'être ni Religieux, ni Ecclesiastiques, *Ordre militaire où l'on peut se marier.*

N 5   par-

parce qu'ils sont mariés. Il se disent neanmoins Religieux , & ont des Reglemens comme les autres Religieux. En Espagne les Commandeurs des Ordres de St. Jacques , de Calatrava & d'Alcantara sont de cette nature. Nous avons aussi en France les Chevaliers de Saint Lazare qui peuvent se marier. Il est assez difficile d'expliquer sous quel titre ces Religieux mariés possedent des Revenus Ecclesiastiques; si ce n'est qu'on dise, qu'estant Religieux de profession , ils devroient estre obligés à garder la chasteté : mais que le Pape , qui est selon les maximes du Droit nouveau, le maistre des Canons , les a dispensés de cette obligation , & que par un privilege Apostolique ils peuvent avoir des femmes : ce qui est conforme au sentiment des plus habiles Theologiens, qui croyent que le Pape peut pour des causes legitimes dispenser les Moines du vœu de chasteté. Il faut

donc

donc mettre les Commandeurs mariés de ces Ordres parmi les Reguliers , & ils peuvent joüir en conscience sous le titre de Reguliers, des
biens de l'Eglise affectés à leur Ordre.
Au moins c'est l'opinion (1) d'un des
plus savans & des moins relaschés
Canonistes de nostre siecle, qui appelle Philippe II. Roi d'Espagne, le
plus grand Prelat de l'Eglise aprés le
Pape, parce qu'il estoit le Chef ou
Grand Maistre des trois Ordres mi-
litaires d'Espagne , & qu'il joüissoit
d'une bonne partie des dîmes des
Eglises qui sont dans ses Estats. C'est
en cette qualité de Prelat Regulier,
que le Roi d'Espagne est le plus riche
Beneficier de son Royaume : &
comme il n'est pas seulement Grand
Maistre des Ordres de St. Jacques, de
Calatrava & d'Alcantara, mais qu'il
est encore Roi d'Espagne, il peut en
qualité de Roi prendre pour son usage les revenus de ses Commanderies,
au moins ce qui lui est necessaire

(1) Matt.
Navar.

Philippe
II. le plus
riche
Prelat de
l'Eglise.

N 6   pour

pour vivre en Roi, de la mesme maniere qu'il est permis selon les maximes du Droit nouveau, aux Cardinaux, aux Fils de Roi, aux Nobles & aux personnes de Lettres, de posseder plusieurs Benefices, afin de vivre selon leur qualité.

De tout ce que nous avons rapporté jusqu'à present, il est aisé de juger combien la Discipline Ecclesiastique a varié dans les matieres Beneficiales, & combien ce qui est en usage aujourdhui est different de ce qui s'observoit autrefois. Le Droit commun donne, à la verité, toute la disposition des Revenus Ecclesiastiques à chaque Evesque dans son Diocese; mais le Droit nouveau & particulier leur a osté la plus grande partie de leur pouvoir. Les Hospitaux dependoient au commencement des Evesques, comme tout le reste des biens qui estoient dediés aux œuvres de charité : ils y commettoient des personnes pour

Des Hospitaux.

en

en avoir le soin , & les Adminiſtrateurs leur rendoient compte. Mais
ils ont perdu peu à peu ce droit , &
il eſt meſme arrivé que des particuliers ont poſſedé les Hoſpitaux en
titre de Benefice. Cet abus a eſté
corrigé par les Conciles de Vienne
& de Trente , qui ont reſtabli le
Droit ancien : mais ils ne ſont point
ſuivis en France , en ce qu'ils veulent que les Adminiſtrateurs rendent
leurs comptes devant les Ordinaires.
En effet , comme l'Economie de ces
biens ne ſemble pas avoir rien de ſpirituel, l'on a trouvé plus à propos d'en
donner l'Adminiſtration à des Laïques, qui tiennent en quelque façon
la place des Tuteurs. Les Eccleſiaſtiques en ſont exclus, parce qu'ils pourroient en abuſer, & ſe les attribuer
comme des Benefices qui leur ap-
partiendroient. Les Nobles & les Officiers n'y ont auſſi aucune part, parce
qu'il ſeroit à craindre qu'ils ne ſe ren-
diſſent les maîtres des biens deſtinés à

N 7

ces

ces Hospitaux. C'est pourquoi l'on choisit d'ordinaire de bons Bourgeois qui soient solvables, & le droit de les nommer appartient aux fondateurs. L'Ordonnance de Henri II. attribüe la connoissance & la visite des Hospitaux de tout le Royaume au Grand Aumosnier de France : mais celle de Francois I. l'avoit attribuée auparavant aux Juges Royaux des lieux où les Hospitaux sont situés. Il est vrai que les Ordinaires formerent leur opposition contre cette Ordonnance, pretendant qu'elle prejudicioit à leurs droits : mais le Parlement de Paris n'eut point d'égard à leur opposition, si ce n'est qu'il fut arresté, qu'ils pourroient deputer une ou deux personnes de leur part pour assister aux visites avec les Juges Royaux, à condition neanmoins qu'ils ne pourroient leur contredire en quoi que ce soit. Henri II. fit une seconde Ordonnance qui est entierement conforme à celle de François I. Depuis ce

tems-

tems-là les Ordinaires n'ont plus de
droit fur les biens des Hofpitaux;
mais on les invite feulement & les
autres Ecclefiaftiques, à affifter aux
comptes. Il eft cependant à propos
de remarquer, qu'il y a plufieurs
Benefices qui font de veritables titres, lefquels ne laiffent pas de porter les noms d'Hofpital, de Maifon
de Dieu & d'Aumônerie, & qui ne
font point en effet des Hofpitaux,
mais qui font ainfi appellés pour des
raifons particulieres qu'il feroit trop
long de rapporter. De plus, les
Hofpitaux font quelquefois donnés
en titre de Benefices, lors qu'ils ne
font que l'acceffoire d'un Benefice
plus confiderable.

Aprés avoir parlé des perfonnes
en faveur de qui les maximes du
Droit nouveau ont derogé au Droit
commun des Evefques, il refte de
parler des chofes qui derogent au
même Droit, & nous commence-
rons par les refignations qu'on appel-

le

Deroga-
tions aux
droits
des Evê-
ques.

Deroga-
tions aux
droits des
Evêques.

le *in favorem*. Il y a deux sortes de resignations. La premiere qu'on nomme pure & simple, & elle se fait de cette maniere. Le Benefi-cier se demet purement & simple-ment de son Benefice entre les mains de l'Ordinaire ; & alors le Benefice est vacant. Cette resignation, qu'on peut aussi appeller renonciation ou demission, est canonique, & nous en avons quelques exemples dans l'Antiquité : mais les Evesques ne la permettoient pas facilement : ils examinoient si ceux qui vouloient se defaire des emplois Ecclesiastiques dont ils estoient chargés, avoient des raisons qui les obligeassent à cette demission ; & s'il n'en paroissoit point de legitimes, on ne recevoit point leurs resignations ou demissions. L'autre resignation, qui est beaucoup plus connuë aujourdhui que la pre-miere, se nomme resignation *in fa-vorem* ; parce que celui qui se demet de son Benefice, n'y renonce qu'à

cette

cette condition, qu'on le donnera à celui en faveur de qui il fait sa demission : & si on le donnoit à un autre, la collation seroit nulle. Cette sorte de resignation est si nouvelle, qu'il n'en est point parlé dans le corps du Droit Canon, dans les Decretales, ni dans le Sexte. Les nouveaux Canonistes mesme demeurent tous d'accord qu'elle est simoniaque, parce qu'elle renferme un pacte & une condition, savoir que la demission du Benefice ne se fait que pour en revestir celui qui est nommé par le resignant. Il a donc fallu avoir recours au Pape pour dispenser de la simonie, & c'est la raison pourquoi il n'y a que le Pape qui puisse recevoir ces sortes de resignations *in favorem*, parce qu'il est le maistre des Canons & du Droit positif. Les Evêques ne les peuvent admettre, d'autant que leur pouvoir est limité, & qu'ils ne peuvent pas oster la simonie qu'on encourt à cause du pacte. Au reste, il n'y a

rien

Nouveauté des resignations *in favorem.*

rien qui deroge plus au droit des Ordinaires & des Patrons, que cette resignation *in favorem*, parce que ceux qui possedent les Benefices, en disposent de la mesme façon que de leurs heritages : & je suis surpris qu'elle soit devenüe si commune, que les plus gens de bien ne fassent aucune difficulté de rendre par cette voye leurs Benefices hereditaires dans leurs familles, comme si la dispense du Pape les mettoit toujours à couvert de la simonie. L'Abbé Tritheme ne pouvoit souffrir que les Moines de son tems obtinssent du Pape de semblables dispenses : (1) *Nec mihi,* disoit-il, *dispensationem Romani Pontificis objicias, quam nisi Deus approbet, te minimè excusabit. Non omnia Deo placent, quæ per Summum Pontificem in terra geruntur.* Plusieurs crient aujourdhui contre la Commende, qui favorisent neanmoins par leur exemple la simonie des resignations *in favorem*. Vous ne

(1) *Trith. de ruina Monast. Ordin.*

ne voyez point qu'ils remettent leurs
Benefices entre les mains des Ordinaires , afin qu'ils en disposent selon
les voyes canoniques & legitimes.
L'on est tellement accoustumé à ce
mal, qu'on ne croit pas mesme que
ce soit un mal , tant il est commun.
Cependant, comme les resignations
in favorem sont odieuses , & qu'elles
prejudicient aux droits des Ordinaires & des Patrons Ecclesiastiques,
l'on a fait plusieurs regles pour les limiter.

Premierement on a renouvellé à
leur égard la regle qu'on nomme *de*
20. *diebus* , & qui avoit esté faite pour
empescher que les Benefices ne fussent hereditaires. L'on appelle aussi
maintenant cette regle, *de infirmis
resignantibus* , & elle porte que si un
malade qui resigne son Benefice,
meurt dans les 20. jours, le Benefice vaque par mort, & partant la pro-
vision faite sur une resignation de cette nature, est nulle. Mais cette regle

Regles qui dero-gent aux resigna-tions.

gle est presentement inutile, parce
que le Pape y deroge tous les jours
au prejudice des Ordinaires. Il n'y
a que les Cardinaux en vertu de leurs
Indults, & quelques personnes de
qualité, à qui le Pape accorde des
Indults semblables, qui jouïssent
de la regle *de 20. diebus*, aussi bien à
l'égard de ceux qui sont en santé,
qu'à l'égard de ceux qui sont malades.
En second lieu, il y a une autre regle qu'on nomme *de publicandis re-
signationibus*, qui est en usage en
France, & qui a esté faite pour empescher que les Benefices ne fussent
hereditaires. Par cette regle le resignataire est obligé de publier sa resignation dans le tems de 6. mois; &
si dans ce tems-là il ne prend possession du Benefice, & que le resignant
vienne à mourir, le Benefice vaque
per obitum: Le droit cependant
du resignataire ne se prescrit qu'a-
prés trois ans, pendant que le resignant est en vie, & il a tout ce tems-

là

là pour prendre possession du Benefice qu'on lui a resigné. En troisiéme lieu , il y a plusieurs conditions
requises pour rendre valide la resignation *in favorem.* Comme elles
ne peuvent estre admises que par le
Pape, on ne les peut faire que par
Procureur : & afin que la Procura-
tion soit bonne , elle doit estre passée
devant un Notaire approuvé , soit
Apostolique ou Royal , & signée de
deux temoins. Elle doit de plus estre
speciale , & pour un tel Benefice:
& si elle n'a eu son effet dans l'année ,
on la presume estre revoquée. Le resignant peut aussi revoquer sa resignation avant qu'elle ait eu son effet , &
cette revocation doit estre signifiée
dans les formes au resignataire , ou au
Procureur.

Il y a mesme des cas , où nonobstant tout cela le resignant peut
rentrer dans son Benefice par une
voye qu'on appelle *Regrés.* Il
n'est pas aisé de juger quand
le

Du Re-
grés.

le regrés doit avoir lieu : aussi les Cours sont-elles fort differentes entre elles dans les jugemens qu'elles prononcent sur cette matiere ; & souvent un mesme Parlement varie sur le sujet des regrés. L'on a plus d'égard en cela à l'équité qu'a la rigueur de la Justice : car l'on croit ordinairement, que le malade semble avoir fait une paction tacite avec celui à qui il a resigné son Benefice, savoir que sa resignation sera nulle, au cas qu'il revienne en santé. Quoi que cette paction approche fort de la confidence, l'on tient neanmoins qu'elle produit une espece d'obligation naturelle, & qu'il faut condamner le resignataire comme un perfide. C'est sur ce principe que Messieurs du Parlement de Normandie s'appuyerent il n'y a pas long-tems, pour juger le different qui estoit entre deux Ecclesiastiques touchant la Cure de Ste. Croix de Roüen. Le resignant étant revenu en convalescence, voulut

lut

lut rentrer dans son Benefice à la sollicitation de ses Paroissiens qui le redemandoient. D'autre part, le resignataire prit possession de la Cure en vertu de ses Provisions de Rome sur resignation, qui estoient en bonne forme. Mais le resignant fut maintenu dans sa possession, & l'on jugea que le regrés devoit avoir lieu en ce cas-là. Peut-estre seroit-il plus à propos d'adjuger une pension alimentaire à celui qui a resigné son Benefice, que d'admettre si facilement le regrés. Au moins ne devroient-ils point avoir lieu, quand les resignans se reservent une pension : car alors il est evident qu'ils ont renoncé à leur Benefice, puis qu'ils retiennent une pension. De plus, en favorisant le regrés, on favorise la resignation *in favorem*, qui est odieuse & simoniaque, parce que plusieurs ne resigneroient point leurs Benefices, s'ils n'esperoient y rentrer par la voye du regrés. C'est pourquoi il ne faut

accor-

accorder le regrés que tres-rarement & pour de grandes raisons, par exemple, pour la minorité ; d'autant qu'il est à presumer, que quand un Beneficier qui est mineur, resigne son Benefice sans le consentement de son pere ou de son Tuteur, il a esté porté à le faire par quelque artifice : aussi le regrés a-t-il lieu alors, & le mineur est restabli dans son Benefice sans nouvelles Provisions.

De la Permutation.

Il y a une autre espéce de resignation *in favorem*, qu'on nomme Permutation, qui nuit aussi au droit des Ordinaires, & encore davantage à celui des Patrons : il depend neanmoins de l'Ordinaire de l'admettre, ou de la rejetter, parce qu'il en est le maistre. Il ne devroit mesme jamais recevoir les permutations, que pour des causes legitimes & canoniques : mais la corruption est aujourdhui si grande dans les matieres Beneficiales, qu'on ne voit autre chose que des exemples de per-

permutations sans aucune cause; &
les Evesques les accordent facilement, quand les Benefices sont en
Patronage , & qu'ils ne les conferent point de plein droit. La
permutation n'est donc autre chose que l'eschange d'un Benefice avec
un autre Benefice entre les mains
du Superieur : & comme on suppose qu'elle se fait pour de veritables raisons, & qu'il n'y a par consequent aucune simonie , elle peut
estre admise par les Ordinaires ,
d'autant qu'on n'a point besoin de
dispense. Afin que la permutation
soit valide , il est necessaire que
les compermutans se demettent
de leurs Benefices entre les mains
de l'Ordinaire ou de leurs Ordinaires , s'ils sont de differens Dioceses , & l'Ordinaire leur donne de
nouvelles Provisions conformes à ce
qu'ils demandent; car il est lié , & il
ne peut disposer des Benefices qu'en
faveur des compermutans. S'il

O

le

le fait, ſes Proviſions ſont nulles, &
chacun d'eux demeure dans ſon Benefice. Il faut de plus que la poſſeſſion des Benefices ſoit priſe de part &
d'autre; autrement il n'y a rien de
fait, & les choſes demeurent comme elles eſtoient auparavant. S'il
n'y a qu'un des compermutans qui
ait pris poſſeſſion, & que l'autre
vienne à mourir, le Benefice de celui qui eſt mort vaque *per obitum*,
& l'autre garde ſon Benefice, parce
que la permutation n'a point eſté
achevée. Voilà ce qui a eſté arreſté
par les nouvelles Ordonnances &
par la Declaration des inſinuations,
pour empeſcher un deſordre qui
eſtoit fort en uſage. Car il arrivoit
tres-ſouvent, qu'un Beneficier eſtant
proche de la mort, permutoit ſon
Benefice avec un autre Beneficier,
& ce dernier prenoit poſſeſſion du
Benefice de celui avec qui il avoit
permuté; & par là la permutation
eſtoit accomplie de ſa part, de ſorte
que

que le Benefice estoit à lui : puis le
malade venant à mourir sans prendre possession du Benefice qu'on lui
avoit donné par permutation, le survi-
vant gardoit son premier Benefice; &
ainsi il en avoit deux en même tems,
par cette adresse que Me. Charles
Du Moulin en son Commentaire sur
la regle *de publicandis*, appelle *spe-
ciem furti.* Cependant l'usage en
est demeuré encore long-tems aprés
lui dans les Parlemens, & on appelloit cela, *gaudere de bona fortuna.*
Mais les nouvelles Ordonnances ont
osté cet abus, & il n'y a plus de *gau-
deat de bona fortuna.*

Les unions frequentes des Benefices, qui se font faites pendant les
schismes & les tems de desordre, ont
aussi apporté un grand prejudice aux
Collateurs ordinaires, & même au
Pape, d'autant que plusieurs titres
ont esté supprimés par cette voye. Elles ont esté cependant utiles aux
Evesques & aux Chapitres, qui se

Des
Unions.

O 2

font

ſont ſervis de ces occaſions, pour unir
à leurs Menſes des Benefices inferieurs, & même des Cures: mais ces
ſortes d'unions ne ſont plus aujourdhui en uſage, ſi ce n'eſt quelquefois
en faveur des Communautés qui
jouïſſent de pluſieurs Benefices par ce
moyen-là.   Mais l'on y prend garde
preſentement plus que l'on n'a jamais fait par le paſſé; & ſi l'on n'y tenoit exactement la main, une bonne partie des Benefices entreroit
dans les Communautés ſoit Regulieres, ſoit ſeculieres: ce qui nuiroit
extrememenent aux Collateurs & aux
Patrons, & meſme aux Eccleſiaſtiques particuliers, qui ne peuvent
plus pretendre aux Benefices qui ſont
unis de cette ſorte.   Je ne parle
point ici des unions neceſſaires, ou
au moins utiles aux Egliſes; car ces
unions ſubſiſtent toujours.   Si, par
exemple, un Prieuré ou une Cha-
pelle ſont tellement ruïnés, qu'il
ſoit impoſſible de les reſtablir; ce

qui

qui reste de revenu doit estre uni à
une autre Eglise : si les Prebendes
d'un Chapitre ou Eglise Collegiale
sont trop petites, il faut en joindre
plusieurs ensemble : si dans une ville ou bourg il y a un trop grand nombre de Cures, & qu'elles soient pauvres, il est à propos d'en supprimer
quelques-unes, & d'en attribuer
le revenu aux autres. De mesme,
l'on peut joindre un Benefice simple à une Cure qui sera pauvre.
Enfin l'on peut aussi unir à un Evê-
ché qui n'aura pas assez de revenu, les Monasteres où la Regle a
cessé : mais en toutes ces unions
on doit toujours avoir égard à l'u-
tilité de l'Eglise, & conserver les
droits des Superieurs ; autrement
elles sont abusives. C'est pourquoi l'on ne doit point faire d'unions,
qu'aprés toutes les informations necessaires. L'Evesque a droit de faire ces unions, si ce n'est qu'il s'agis-
se d'unir un Benefice à sa Mense,

O 3

par-

parce qu'alors il ne peut estre juge dans sa propre cause. De plus, l'union des Eveschés est reservée au Pape.

Des In-
dults des
Gens du
Parle-
ment.

Bien que les Graces Expectatives ayent esté abolies, nous avons neanmoins en France les Indults de Messieurs du Parlement, & les Degrés de ceux qui ont estudié un certain tems dans les Universités fameuses du Royaume, lesquels font une espece de Graces Expectatives, & qui par consequent prejudicient aux droits des Collateurs ordinaires & des Patrons Ecclesiastiques. Je ne parlerai point ici de l'origine de ces Indults. On remarquera seulement, que pendant les tems de schisme, les Papes accordoient ces sortes de faveurs aux Princes, aux Seigneurs qui estoient puissans dans la Cour des Princes, & aux personnes qui pouvoient nuire à leur establissement dans la Papauté. Le Concile de Trente a aboli les Indults, aussi bien que les Mandats Apo-

Apostoliques : mais comme ses de-
cisions ne sont pas reçûës en France,
l'on y a toujours retenu les Indults de
Messieurs du Parlement.   Afin que
l'Indult dont nous parlons ait son effet , il faut obtenir des Lettres du
Roi, portant mandement au Collateur ordinaire, de conferer à celui
qui a l'Indult le premier Benefice vacant qui sera de sa collation.   Il faut
de plus signifier ces Lettres avant la
vacance du Benefice ; & alors le
Collateur a les mains liées. L'Indultaire a six mois pour requerir le Benefice , & le Collateur ne peut ê-
tre chargé que d'un Indult pendant
sa vie : si c'est une Communauté qui
ne meurt point , on regle cela sur la
vie du Roi.   Le Collateur pouvoit
cependant obliger l'Indultaire d'accepter le premier Benefice vacant,
pourveu qu'il valust 200. francs, parce
que l'Indult est *de Beneficio proximè
vacaturo.* Mais on ne peut aujourdhui
l'y obliger , qu'il ne soit de 600. francs

de rente. L'on peut aussi mettre au nombre des Graces Expectatives, la nomination du Roi pour son joyeux avenement à la Couronne, & la nomination du Roi pour le serment de fidelité, laquelle lui donne le droit de nommer à l'Evêque nouveau aprés la closture de la Regale, une personne pour la premiere Prebende vacante.

Des Degrés.

Les plaintes de l'Université de Paris contre les Evesques qui donnoient ordinairement les Benefices à leurs domestiques & à des personnes indignes, furent cause que dans le Concile de Basle on ordonna que la troisiéme partie des Benefices seroit affectée aux Gradués des Universités fameuses, & que si les Ordinaires les conferoient à d'autres, leurs Provisions seroient nulles. La Pragmatique qui fut faite dans l'Assemblée de Bourges, autorisa ce Decret du Concile de Basle, en y ajoutant neanmoins cette modification, qu'on partageroit

roit en trois le tiers affecté aux Gradués , & que les deux tiers de ce
tiers seroient affectés à ceux qui auroient quelque emploi notable dans
l'Université.   C'est pourquoi il fut
reglé par la mesme Assemblée , que
l'Université nommeroit ceux qu'elle voudroit estre préferés : & c'est
ce qui fit la distinction des Gradués
simples & des Gradués nommés.
Le Concordat a conservé ce droit
des Gradués : mais parce qu'on pouvoit faire fraude dans le tiers des
Benefices qui se donnoit à tour de
rôlle , on leur a assigné 4. mois
de l'année , savoir Janvier, Avril,
Juillet & Octobre , & les Benefices qui vaquent pendant ces 4.
mois leur sont affectés.   Janvier
& Juillet sont appellés mois de
rigueur , parce que le Collateur
ou Patron est obligé de donner le
Benefice vacant au Gradué nommé , qui est le plus ancien & qui a
le plus de droit ; au lieu que dans les

O 5   deux

deux autres mois, qu'on nomme mois de faveur, il a la liberté de donner les Benefices vacans à tels Gradués insinués qu'il lui plaist. Il suffit pour estre Gradué, d'avoir estudié deux ans en Philosophie & trois ans en Theologie, & outre cela il faut avoir pris ses Lettres de Maistre és Arts. Ce qui n'empêche pourtant pas, qu'il n'y ait des Gradués Bacheliers, des Gradués Docteurs, des Gradués en Theologie, en Droit Canon & en Medecine, auxquels il y a aussi un certain tems assigné; & en cas de concours, le Gradué le plus qualifié est preferé à l'autre, quoi qu'il soit quelquefois assez difficile de savoir lequel doit estre preferé. Afin que ce droit ait son effet, il faut avoir signifié au Patron Ecclesiastique, ou au Collateur, les Lettres de Degré, les Attestations du tems d'estude, & les Lettres de nomination de l'Université. Et parce que les Nobles ont quelque privilege pour le tems d'estu-

d'estude , ils doivent aussi signifier
les preuves de leur Noblesse.   Le
Patron, ou Collateur doit retenir une
copie de tous ces Actes.   Ils sont de
plus obligés de reïterer tous les ans
pendant le Caresme , l'insinuation
de leurs noms ; ce qu'ils peuvent
faire au Greffe des insinuations Ecclesiastiques.   Lors qu'il vaque un
Benefice dans les mois qui leur sont
affectés , ils doivent le requerir dans
les six mois; & aprés ce tems-là, ils ne
sont plus reçûs à faire leur requisition.   Si le Pape les previent avant
qu'ils ayent requis, celui qui a esté
pourveu par le Pape obtient le Benefice ; & il n'est pas besoin mesme
que le Pape fasse mention que le
Benefice soit affecté aux Gradués,
parce qu'il n'est point sujet à la loi
qui est en France pour les Gradués.
Mais l'Ordinaire doit faire mention
dans se Provisions de la qualité de
Gradué, laquelle est la cause pourquoi il donne le Benefice. Cepen-

dant il ne doit pas laisser pour cela d'interroger les Gradués, quoi qu'ils ayent pretendu autrefois de n'estre point obligés à l'examen. Mais la facilité qu'il y a à obtenir les Degrés, est cause qu'il se rencontre une infinité de Gradués ignorans & vicieux. C'est pourquoi le Collateur, & mesme le Patron sont toujours en droit de les refuser, s'ils ne les jugent point capables des Benefices qu'ils ont requis.

On doit remarquer, que toutes sortes de Benefices ne sont pas sujets aux Gradués. I. Les Benefices Consistoriaux & ceux qui sont en Patronage Laïque en sont exempts. II. Les Dignités des Eglises Cathedrales. L'on ne met pourtant point parmi ces Dignités la Penitencerie; & il y a aussi de la difficulté pour la Theologale, quoi qu'il y ait des Arrests en faveur des Gradués. III. Le droit des Gradués n'a lieu que quand

les

les Benefices vaquent par mort.
IV. Quand le Gradué se trouve avoir
un Benefice de 400. francs, ou une
pension de la mesme valeur qui lui
tienne lieu de Benefice, il est censé
rempli, & il ne peut plus pretendre
à aucun Benefice en qualité de Gradué, si ce n'est qu'il ne fust point
rempli en vertu de ses Grades; car
en ce cas-là il peut renoncer à son
Benefice ou à sa pension, & sera en
droit, comme auparavant, de requerir les Benefices affectés aux Gradués.
Ce qui fait qu'on estime un Gradué
rempli ayant un Benefice de 400.
fr. c'est qu'il y a 200. florins dans le
Concordat, qui ont été évalués à 400.
francs : mais je croi qu'on les devroit
évaluer presentement à 600. francs.
V. Quand le Benefice qui vaque dans
le mois des Gradués est en Regle, il
ne peut estre requis que par un Gradué Regulier : de même le Regulier
ne peut point requerir les Benefices
seculiers. V I. Enfin si l'Indultaire &

le Gradué demandent un mesme Benefice , l'Indultaire est preferé au Gradué.

Des Exemptions.

Les exemptions que les Papes ont accordées à plusieurs Eglises soit Regulieres, ou seculieres, ont aussi beaucoup derogé au Droit commun des Evesques, parce que les Abbés & les autres Patrons conferent de plein droit les Benefices qui sont contenus dans leur exemption ; & à leur defaut , le droit est devolu au Pape, qui est devenu leur Superieur immediat. Ce n'est pas ici le lieu de traiter à fond de ces exemptions, ni de parler de leur origine ; outre que nous en avons déja dit ailleurs quelque chose. Je me contenterai d'expliquer ce qui regarde nos usages de France. I. L'on n'y reçoit point le decret du Concile de Trente, en ce qu'il deroge aux exemptions : mais l'on y examine les titres sur quoi les dites exemptions sont fondées ; & si les titres se trouvent legi-

legitimes, on conserve les privileges qui font exprimés. II. La possession seule ne suffit pas pour autoriser ces privileges : il faut de plus monstrer des titres en bonne forme, d'autant que plusieurs sont en possession de leurs privileges, parce qu'on n'a pas examiné suffisamment leurs titres, qui pour l'ordinaire se trouvent faux ; & il n'est pas juste que l'exemption, qui n'est qu'un Droit privilegié, prejudicie au Droit commun des Evêques, si elle n'est bien fondée, & si elle n'a esté donnée pour des causes legitimes : ajoutez à cela, que (1) la fausseté ne peut jamais faire une prescription, & que la possession qui a pour origine la mauvaise foi de celui qui possede, n'est pas une veritable possession. L'on doit donc exercer toute la rigueur possible contre le droit d'exemption ou de privilege, parce qu'il deroge au Droit commun ; & l'on ne doit accorder precisément aux exempts, que ce qui

est

(1) *Fraus nemini debet patrocinari.*

est marqué évidemment dans leur titre d'exemption : il est absolument necessaire que les privileges soient exprimés en termes formels & sans aucune ambiguité. III. Plus les titres des exemptions sont anciens, moins les pouvoirs des exemptions sont estendus, ainsi qu'il paroit des anciennes Formules, qui ne contiennent presque autre chose à l'égard des Monasteres, que la liberté d'élire l'Abbé, & la dispensation libre de leurs revenus; pour le reste, ils estoient entierement soumis aux Evesques.

Les exemptions, de la maniere que nous les voyons aujourdhui, n'ont commencé qu'avec les Reformes de Cluni & de Cisteaux, qui furent exemptés de la Jurisdiction des Evêques par le titre de leur fondation. Quoi que cela soit arrivé dans un tems de desordre, l'on ne touche pourtant point en France à ces exemptions, qui sont reconnües de

tout

tout le monde : mais il y a de grandes raisons de douter de la plus-part des autres, qu'on suppose avoir esté accordées par les Papes aprés la fondation des Monasteres. Il y en a peu qui soient vrayes dans toute leur étendüe : ce qu'il est facile de decouvrir, quand on s'applique serieusement à examiner les titres. C'est ainsi que Pierre de Blois Archidiacre de l'Eglise de Bathone en Angleterre, assure qu'on examinoit de son tems les exemptions des Monasteres, dont la plus grande partie avoit esté supposée pas les Moines. L'Evêque de Salisbery jugea que les Lettres d'exemption de l'Abbé de Malmesbury, estoient fausses, *quia in filo & Bulla videbantur vitiosæ, stilumque Romanæ Curiæ minimè redolebant.* L'Abbé neanmoins ne voulant pas se soumettre à son Evêque, s'emporta contre lui d'une telle maniere, que le même Pierre de Blois s'en plaignit dans sa (1) Lettre adressée au Pape Ale-

(1) *Petr. Blæs. Epist.* 68.

Alexandre III. à qui il represente l'abus des exemptions à l'occasion de l'Abbé de Malmesburi, dont voici les paroles qu'il rapporte: *Viles sunt Abbates & miseri qui potestatem Episcoporum prorsus non exterminant, cùm pro annua auri uncia plenam à Sede Romana possint assequi libertatem.* Cet Abbé fait assez voir par là, que les Monasteres obtenoient de la Cour de Rome pour de l'argent, autant d'exemptions qu'il leur plaisoit, & que la simonie estoit fort en usage parmi les Moines, principalement parmi les Abbés Reguliers, qui se dispensoient par cette voye d'obeïr à leurs Evesques, afin de pouvoir dissiper plus librement les revenus de leurs Monasteres, & de n'avoir personne qui les reprist de leurs vices : (1) *Detestantur Abbates, habere suorum excessuum correctorem, vagam impunitatis licentiam amplectuntur, Claustralisque militiæ jugum relaxant in omnem desiderii*

(1) *Petr. Blæs. ibid.*

siderii libertatem. Hinc est quòd Monasteriorum ferè omnium facultates datæ sunt in direptionem & prædam. Ces raisons & plusieurs autres semblables que je passe sous silence, sont cause qu'on n'est pas favorable en France aux exemptions des Monasteres, quoi qu'on ne les y rejette pas entierement : à quoi l'on peut ajouter, que plusieurs de ces exemptions, principalement celles des Chapitres, ont esté obtenües dans des tems de schisme ; & il arrivoit souvent, que le Chapitre opposé à son Evesque reconnoissoit un Pape, & l'Evesque un autre. C'est à quoi il faut prendre garde dans les titres des exemptions, afin de n'autoriser pas ce qui s'est fait à l'occasion du schisme.

Afin qu'on puisse distinguer plus facilement les veritables titres d'avec ceux qui ont esté supposés, nous rapporterons ici plusieurs regles qu'on ne doit pas ignorer, si l'on veut

Regles pour distinguer les veritables Exemptions d'avec les fausses.

faire

faire ce difcernement avec quelque
forte d'exactitude : & cela ne fervira
pas feulement pour decouvrir la fauf-
feté des privileges & exemptions,
mais auffi pour juger des autres titres. Il faut I. avoir veu de veritables
bles titres & dont on ne puiffe douter, fur lefquels on examinera ceux
qui font produits. On prendra garde
aux caracteres, fi c'eft une piece ori-
ginale ; car il arrive peu fouvent, que
ceux qui font de faux titres imitent
affez exactement ces caracteres,
foit parce qu'ils les efcrivent avec
trop de precipitation, ou qu'ils fe
contentent de faire quelque chofe
qui en approche, mais qui n'eft pas
tout-à-fait femblable. I I. La difference du ftile qui fe rencontre entre les pieces veritables & celles
qui font fuppofées, eft tres-utile
pour diftinguer les unes d'avec les
autres : par exemple, on doit fa-
voir de quelle maniere les Princes
ont commencé leurs Lettres dans
les

les differens tems , & de quelle maniere ils les ont finies ; car il est certain , que le stile n'a pas esté toujours le mesme. De plus , ils se
sont aussi expliqués differemment
dans differens tems pour ce qui
regarde tout le corps de la Lettre.
III. La maniere de dater les Lettres
a beaucoup varié ; & c'est à quoi
ceux qui ont supposé de faux
privileges n'ont pas toujours pris
garde : ils ont suivi le plus souvent ce qui estoit en usage de
leur tems. IV. L'on doit prendre garde à la Chronologie & aux
souscriptions de l'Acte , en exa-
minant si ceux qui y ont souscrit
vivoient tous en ce tems-là , &
s'ils ont mesme pû se trouver
dans le lieu dont il est parlé ; si
les faits qui sont rapportés conviennent à ce qui se pratiquoit
pour lors. V. L'on ne doit pas
ignorer le tems auquel certains
termes ont commencé à estre
en

en uſage : car l'on juge aiſément
qu'une piece eſt nouvelle , quand elle contient des termes nouveaux.
VI. Il eſt neceſſaire de ſavoir l'Hiſtoire , & principalement celle qui
regarde les droits des Papes , pour
voir ſi l'Acte n'attribüe point au Pape qui accorde le privilege , des
droits dont il ne jouïſſoit point encore : & c'eſt ce qui ſe rencontre ordinairement dans les privileges anciens , parce que ceux qui les ont
ſuppoſés ſe ſont reglés ſur leurs
tems , & non ſur celui des Papes
dont ils empruntoient les noms.
VII. L'on doit ſavoir la Chronologie , l'Hiſtoire , la maniere de commencer les Actes & de les dater , la
diverſité du ſtile & des ſouſcriptions
non ſeulement pour les differens
tems , mais auſſi pour les differens
lieux & pour les perſonnes : car il eſt
conſtant , que toutes ces choſes ont
varié ſelon la difference des lieux
& des perſonnes. Les Princes ne s'ac-

cor-

cordent pas toujours en cela avec les Papes & les Evesques ; & les Princes different mesme entre eux. La façon, par exemple, de commencer l'année n'a pas esté uniforme partout, ni en tout tems. Les dates & les souscriptions sont fort differentes selon les differens lieux & les differentes personnes. C'est ce qui fait que ceux qui ont ignoré la diversité de ces usages, sont tombés dans des fautes si grossieres, que la fausseté des Actes qu'ils ont supposés saute aux yeux. VIII. Il n'y a rien de plus commun, que de voir des seings ou monogrammes supposés. C'est pourquoi il est à propos d'en avoir de vrais, pour faire un juste discernement des vrais & des faux. Ce qui doit estre aussi observé pour les sceaux, qu'on a souvent contrefaits. Il ne faut pas pourtant conclurre qu'un Acte soit bon, de ce que l'on voit qu'il ne manque rien au seing, ni au sceau : car il n'y avoit

rien

rien autrefois de si facile que de transporter le sceau d'un Acte à un autre. Comme le sceau estoit attaché sur le parchemin, & qu'il n'y avoit point de contre-sceau, on levoit aisément le sceau sans toucher à la figure, en chauffant tant soit peu le parchemin. Il est vrai que dans la suite on remedia à cette fausseté par le moyen du contre-sceau, & d'une petite corde qui tenoit le sceau attaché au parchemin : mais quoi qu'on ait pû faire, il est impossible d'empescher entierement la fausseté. Il n'y a rien de plus facile, que de garder le seing & le sceau dans leur entier, & d'effacer avec de certaines eaux ou essences, tout ce qui est escrit, & de supposer un autre titre de la maniere qu'on le voudra. Il ne faut donc pas s'attacher à la verité du seing & du sceau ; mais il sera bon aussi de considerer, si le parchemin n'a point reçû quelque alteration, & si

l'encre

l'encre n'est point trop nouvelle, ou
si elle ne differe point de celle dont
le seing est escrit.   IX. L'on a quelquefois jugé de la supposition d'un
Acte par la nouveauté du parchemin, qui avoit quelque marque qui
le faisoit reconnoistre.   Au contraire, ceux qui ont affecté d'avoir des
titres trop anciens, & qui ont pour
cela escrit leurs privileges sur des es-
corces d'arbres, se sont rendus ridi-
cules, parce qu'il est facile de justifier que dans le tems où l'on suppose
qu'ils ont esté escrits, l'on ne se servoit point d'écorce, au moins dans
l'Europe.   X. Ceux qui ont aussi
joint plusieurs dates ensemble,
croyant rendre par là leurs titres plus
authentiques, en marquant les années des Princes & des Empereurs
avec les Indictions & autres choses
semblables contre l'usage des lieux
& des tems où ils vivoient, ont voulu imposer aux autres par une exactitude qui estoit hors de saison.   Si je

P

ne

ne craignois d'estre trop long , je donnerois des exemples pour confirmer toutes ces regles : mais cela merite un Ouvrage particulier. J'ajouterai seulement quelques remarques touchant les Cartulaires , parce que je voi qu'on y ajoute foi avec trop de facilité , & qu'on ne prend pas garde, qu'une partie des titres qui sont contenus dans les Cartulaires , sont ou faux , ou corrompus.

De quelle autorité sont les Cartulaires. Les Cartulaires ne sont autre chose que les Papiers terriers des Eglises ou des Monasteres , où sont descrits les Contrats d'achapt , de vente, d'eschange, les privileges , immunités, exemptions & autres Chartes. Ces Cartulaires sont beaucoup posterieurs à la plus-part des Actes qui y sont compris , & on ne les fait que pour conserver ces Actes dans leur entier , & afin que la posterité y ait recours.   Mais il y a de grandes raisons qui obligent de douter de la fidélité de ceux qui ont compilé les Car-

Cartulaires, parce qu'on y trouve une infinité de titres manifestement faux, ou corrompus. Premierement, comme la coustume n'estoit pas encore introduite dans les commencemens, d'escrire des titres de fondations & d'immunités ou privileges, les Compilateurs des Cartulaires, qui ont veu qu'ils jouïssoient de plusieurs terres, & qu'ils estoient en possession de quelques privileges, sans en avoir aucuns titres, n'ont pas manqué d'en faire, & de les inserer dans leurs Cartulaires. Je croi que c'est pour cette raison, que les titres qui sont attribués dans les Cartulaires à nos Rois de la premiere Race, sont presque tous faux : & l'on doit aussi pour la mesme raison, se defier des premieres exemptions, qui sont d'autant plus suspectes, qu'elles paroissent plus anciennes. Les procés que les Evesques ont eus avec les Abbés des Monasteres, ont encore beaucoup contribué à augmenter les

P 2

faux

faux titres : car chacun pour rendre sa cause meilleure, n'a rien espargné pour supposer des Actes. En II. lieu, les Compilateurs des Cartulaires n'ont pas toujours inseré les Actes tels qu'ils estoient dans les pieces originales : ce qu'il est aisé de justifier, en comparant les Originaux avec les copies qui sont registrées dans les Cartulaires, ou mesme en conferant les anciens Cartulaires avec d'autres plus modernes ; car plus ils sont recens, & plus ils sont estendus. Nous trouvons, par exemple, la fondation du Monastere de Casaure, autrement de St. Clement, dans (1) le VI. Volume de l'Histoire des Evesques d'Italie, & dans le titre de cette fondation sont rapportées quelques Chartes d'immunités, de privileges & exemptions. Mais ces Actes ne conviennent point la plus-part avec d'autres copies qui sont inserées dans un Cartulaire plus ancien du mesme Monastere. Et ce qui est digne

(1) *Ital. Sacr. Tom. 6.*

digne de remarque, c'est que dans l'Imprimé, qui a sans doute esté pris d'un Manuscrit plus recent, il y a un grand denombrement des terres appartenantes au Monastere de Casaure, comme l'on peut voir dans le privilege qui a pour titre, (1) *Ludovici II. Imperatoris Augusti privilegium fundationis & dotationis Monasterii St. Clementis in Piscaria*, anno Domini 875. Mais dans le Cartulaire MS. que j'ai lû, l'on ne voit rien de ce long detail des terres & possessions : elles y sont nommées seulement en general, & non en particulier. On ne lit point de plus dans le Cartulaire MS. ces mots de la date qui se trouvent dans l'Imprimé, *anno Dominicæ incarnationis* 875. parce que les Empereurs ne faisoient point mention en ce tems-là dans leurs Lettres, des années de Nostre Seigneur. Le mesme detail des terres & possessions qui se trouve dans le privilege imprimé de l'Em-

(1) *Ibid.* pag. 1308.

pereur

pereur Louïs, se trouve aussi dans un
autre privilege accordé par Roger
Roi de Sicile au mesme Monastere.
Mais l'ancien Cartulaire MS. ne
contient rien de tout ce denombrement : d'où l'on doit inferer, que
les Moines n'ont point fait de difficulté de registrer les titres dans leurs
Cartulaires, tout autrement qu'ils
n'estoient dans les Originaux. Ce
qui est aussi arrivé aux privileges des
Papes qui sont dans le mesme Cartulaire : car il y a quelque chose dans
les Imprimés qui ne se trouve point
dans les Actes manuscrits, & entre
autres le privilege attribué à Leon
I X. est plus court dans le MS. que
dans l'Imprimé, car il n'y a que l'Imprimé qui finisse par cette clause : (1)
Quoniam scriptum est, terminos Pa-
trum nostrorum nullâ autoritate in-
licitæ temeritatis transgredi præsumi,
& quia opportunitatis exigit ratio
propter vos & transgressores canonicæ
correctionis debere fræno constringi,
illius

(1) *Ibid.*
pag.
1311.

illius insuper spirituali jaculo perdat animum, cujus temporali gladio Malchus amisit auriculam : qui autem observator extiterit, ditetur dono Apostolicæ benedictionis, &c. Il n'y a rien de tout cela dans le mesme privilege, de la maniere qu'il est interé dans le Cartulaire MS. L'on pourroit apporter plusieurs autres exemples de la grande liberté que les Compilateurs des Cartulaires ont prise en transcrivant les Originaux, & même les Copies de leurs titres ; & par consequent l'on n'y doit pas ajouter beaucoup de foi.

Il est aisé de recueillir de ce que nous venons de dire, qu'un titre n'est pas tout-à-fait faux, quoi qu'il y ait des faussetés. Je croi neanmoins qu'il faut rejetter entierement ces sortes d'Actes pour la moindre fausseté qui s'y rencontre, parce que l'on ne doit jamais favoriser en quoi que ce soit les faussaires, & que les exemptions dont nous par-

Distinction des titres faux & des titres falsifiés.

lons

lons font odieufes & contre le Droit
commun.　Il eſt donc abſolument
neceſſaire, que ceux qui ſe diſent
exempts, produiſent de bons Originaux pour juſtifier leurs exemptions, à moins que ces fauſſetés ne
ſe trouvent dans des Actes qui ayent
eſté approuvés par les Princes ou autres Puiſſances ſuperieures ; & encore eſt-il neceſſaire de les examiner
avec beaucoup d'application.　Pour
connoitre la nature des Actes, on
remarquera que les Monaſteres ont
fait quelquefois confirmer leurs titres ou privileges par les Princes &
par les autres Puiſſances, en leur
repreſentant que les anciens titres
eſtoient ſi vieux, qu'on avoit de la
peine à les lire ; & alors on en ſub-
ſtituoit d'autres en la place des anciens.　Ces renouvellemens n'é-
toient pas toujours fort ſinceres : car
les anciens eſtoient quelquefois ſuppoſés, & l'on y ajoutoit de plus des
choſes qui ne convenoient pas au
tems

tems de ceux qu'on pretendoit avoir
donné les anciens privileges. Mais
comme celui qui avoit droit de donner lui-mesme les privileges, les con-
firmoit, l'on ne pouvoit pas les accuser de fausseté, si ce n'est qu'il y
eust de la surprise, & que l'on eust
énoncé des faussetés dans la Supplique ; parce que c'est une maxime
generale, que toute Requeste ou
Supplique doit estre appuyée sur la
verité. Au reste, il ne faut pas recevoir facilement ces sortes de privileges qu'on pretend estre substi-
tués en la place des anciens : car ce
seroit ouvrir la porte à une infinité
de faussetés ; & de plus un titre ne
peut être substitué en la place d'un autre, par forme de renouvellement &
de confirmation, que le dernier ne
fasse mention du premier, & qu'il
n'y soit marqué en termes exprés,
que ce dernier privilege n'a esté
donné que pour confirmer l'ancien. Voilà en peu de mots les

P 5

prin-

principales regles qu'on doit observer dans l'examen des titres que les
Monasteres & les autres Eglises qui
se disent exemptes ou privilegiés,
produisent pour maintenir leurs
exemptions & immunités. L'on
pourroit rapporter ici plusieurs
exemples de titres faux, qui feroient beaucoup mieux entendre
ces regles : mais on ne peut traiter à fond cette matiere, qu'on
ne s'engage en mesme tems à
beaucoup de recherches qui sont
éloignées de nostre sujet, &
qui demandent un Ouvrage particulier.

F I N.

TABLE

Des matieres contenuës dans ce Livre.

Chan-

Droits

Des

TABLE.

Fin de la Table.